高等职业教育新形态系列教材

民航旅客运输
Civil Aviation Passenger Transportation

主　编　王艳霞　孙媛媛
副主编　左　蕾　谢　焕　刘美玲
　　　　张婷婷　郑　旭

北京理工大学出版社
BEIJING INSTITUTE OF TECHNOLOGY PRESS

内 容 提 要

本书共分为七章，主要内容包括国内民航旅客运输概况、票务业务、值机业务、行李运输、安全检查、国内旅客运送服务和非正常运输情况处理。本书系统介绍了民航旅客运输的运营和服务工作业务流程，同时选编了大量服务案例，通过学习，学生可以全面掌握民航基本知识，为将来更好地做好服务工作打下坚实的基础。

本书可作为高等院校航空服务类专业的教学用书，也可供相关行业岗位人员培训时使用。

版权专有　侵权必究

图书在版编目（CIP）数据

民航旅客运输 / 王艳霞，孙媛媛主编.--北京：北京理工大学出版社，2021.5（2021.8重印）
ISBN 978-7-5682-9876-6

Ⅰ.①民…　Ⅱ.①王…②孙…　Ⅲ.①民用航空－旅客运输－教材　Ⅳ.①F560.83

中国版本图书馆CIP数据核字（2021）第102325号

出版发行 / 北京理工大学出版社有限责任公司	
社　　址 / 北京市海淀区中关村南大街5号	
邮　　编 / 100081	
电　　话 /（010）68914775（总编室）	
（010）82562903（教材售后服务热线）	
（010）68944723（其他图书服务热线）	
网　　址 / http://www.bitpress.com.cn	
经　　销 / 全国各地新华书店	
印　　刷 / 河北鑫彩博图印刷有限公司	
开　　本 / 787毫米×1092毫米　1/16	
印　　张 / 11.5	责任编辑 / 申玉琴
字　　数 / 194千字	文案编辑 / 申玉琴
版　　次 / 2021年5月第1版　2021年8月第2次印刷	责任校对 / 周瑞红
定　　价 / 39.00元	责任印制 / 边心超

图书出现印装质量问题，请拨打售后服务热线，本社负责调换

前言

行业发展，人才先行。近年来，许多高等院校纷纷开办了空乘服务及相关专业，以满足民航业发展的市场需求。《民航旅客运输》就是专门为空乘服务人才培养编写的教材。本书注重理论与实践相结合，从空乘服务职业特点和学生职业发展出发，着眼于加强空乘专业学生的综合素质培养，具有较强的实用价值。

本书充分结合中国民航总局和中国航空运输协会的新规范和要求，重点放在学科体系、内容体系、结构体系的创新，落实"以岗导学"培养目标，以国内民航旅客运输服务中涉及的工作流程为基本框架，以学生为中心，以项目为载体，体现学生在课堂教学中的主体作用，激发学生的学习兴趣，有利于帮助学生掌握民航旅客运输服务中需要的各种理论知识与工作技能。另外，编写组老师对教学内容进行了精心筛选，并制作了与教材配套的课件、拓展资源、教学案例和教学视频供师生使用。

本书编写过程中力求突出内容的系统性和实用性，章节安排与实际服务环节相对应，选编的案例均来自各航空企业的真实案例，内容更加真实生动、易学易懂。

本书由高等院校空乘专业具有丰富教学经验的一线教师和具备多年空乘服务经历的专业人士共同编写，王艳霞、孙媛媛担任主编，左蕾、谢焕、刘美玲、张婷婷、郑旭担任副主编。

在本书编写过程中，我们参考了大量的书籍、报纸、杂志资料，听取了许多专家、学者的意见和建议，在此一并表示感谢。由于编写时间仓促，编者水平有限，书中疏漏和不足之处在所难免，敬请批评指正。

《民航旅客运输》编写组

目 录

第一章 国内民航旅客运输概况　001

第一节　民航运输概述……………………………………003
　　一、我国民航发展史………………………………003
　　二、航空运输的特点………………………………006
　　三、航空运输的种类………………………………007
第二节　民航运输基础知识………………………………008
　　一、机场……………………………………………008
　　二、国内主要客运航空公司………………………014
　　三、民航运输基础术语……………………………019

第二章 票务业务　023

第一节　客票及电子客票…………………………………025
　　一、客票……………………………………………025
　　二、电子客票………………………………………026
第二节　国内客票…………………………………………031
　　一、客票的分类……………………………………031
　　二、客票销售………………………………………032
　　三、国内客票内容及有效期………………………034
　　四、国内客票使用规定及基本要求………………035
第三节　退票、变更和签转………………………………035
　　一、客票签转、更改及退票概述…………………035
　　二、客票签转、更改及退票规定…………………036

第三章 值机业务　041

第一节　值机准备工作……………………………………043
　　一、航班飞行前一天的准备………………………043
　　二、航班飞行当天的准备…………………………043
第二节　值机业务…………………………………………044
　　一、值机服务的程序………………………………044
　　二、值机服务柜台的种类…………………………045

第三节　办理旅客乘机手续..................................046
　一、查验客票..................................046
　二、座位安排..................................047
　三、收运行李..................................049
　四、值机柜台关闭..................................050
　五、电子客票的乘机手续..................................050

第四章　行李运输

053

第一节　行李运输的一般规定..................................055
　一、行李的定义..................................055
　二、行李的分类..................................055
　三、免费行李额..................................058
　四、逾重行李费..................................061
第二节　特殊行李运输..................................064
　一、禁止运输的行李物品..................................064
　二、限制运输的行李物品..................................066
第三节　行李标识及行李收运..................................068
　一、行李标识..................................068
　二、行李收运..................................072
　三、行李收运要求..................................072
　四、行李称重..................................073
　五、行李挂牌..................................073
　六、行李运载和装卸..................................074
　七、其他特殊行李的收运..................................075
第四节　行李的赔偿..................................079
　一、遗失行李的赔偿..................................079
　二、破损或内物短少行李的赔偿..................................080
　三、临时生活用品补偿费..................................080
　四、承运人的赔偿责任..................................081
　五、受理赔偿的地点..................................082
　六、提出异议的时限和诉讼办理..................................082

第五章　安全检查

085

第一节　证件检查的准备工作..................................087
　一、证件检查准备工作的实施..................................087
　二、验讫章使用管理制度..................................087
　三、安检应知规定..................................087
第二节　有效乘机证件的检查..................................088

一、乘机有效身份证件的种类 088
二、机场控制区各类通行证件知识 089
三、护照的种类 095
四、其他有效乘机证件的式样 096

第三节　证件检查的程序及方法 097
一、证件检查的程序 097
二、证件检查的方法 098
三、机场控制区证件的检查方法 098
四、机场控制区通行证件的使用范围 099
五、第一代居民身份证的有效期和编号规则 ... 099
六、临时身份证、身份证明的要素 100
七、第二代居民身份证的一般识别方法 100

第四节　证件检查的特殊情况处置 102
一、中国大陆地区居民有效乘机身份证件 102
二、涂改证件的识别 106
三、伪造、变造证件的识别 106
四、冒名顶替证件的识别 107

第五节　人身检查的程序及方法 108
一、人身检查的定义 108
二、人身检查的重点对象 108
三、人身检查的重点部位 109
四、人身检查的基本程序 109
五、人身检查的方法 109

第六节　设备人身检查的具体实施 111
一、金属探测门 111
二、手持金属探测器 112
三、设备人身检查方法及程序 113

第七节　手工人身检查的具体实施 115
一、手工人身检查基本知识 115
二、手工人身检查的程序 116

第八节　开箱（包）检查 117
一、开箱（包）检查的实施 117
二、常见物品的检查方法 119
三、危险品的国际通用标识 124

第九节　开箱（包）检查的情况处置 135
一、对开箱（包）检查中危险品、违禁品的
　　处理 135

3

二、禁止旅客随身携带但可作为行李交运的
物品种类 135
三、移交、暂存的办理 136

第六章 国内旅客运送服务 141

第一节 候机服务 144
一、问询服务 144
二、导乘服务 145
第二节 登机服务 146
一、登机口服务 146
二、引导服务 148
三、特殊旅客引导服务 150
第三节 进港服务 151
一、进港航班的引导服务 152
二、行李服务 153
三、问询服务 154
第四节 中转和过站服务 154
一、中转服务 154
二、过站服务 156

第七章 非正常运输情况处理 159

第一节 非正常运输的定义和分类 161
一、非正常运输的定义 161
二、非正常运输的分类 161
第二节 非正常运输情况的航空公司处理标准 167
一、非正常运输情况的信息服务 167
二、非正常运输情况的客票服务 168
三、非正常运输情况的膳宿服务 170

参考文献 174

第一章

国内民航旅客运输概况

了解民航发展历史；熟悉民航运输的特点；掌握机场的分类，知道我国主要机场的名称和代号。

能够根据飞行区相关数据判断机场等级，同时能够判断机场的类别。

培养学生对民航行业的认知度和认可度，了解当代民航精神，热爱民航事业。

　　王晶自小就有一个翱翔蓝天的梦想,经过高中三年的寒窗苦读,她终于考上了梦寐以求的学校。作为一名新入学的大学生,她对将要学习的专业知识充满了期待和向往。比如:制作出中国的第一架飞机并试飞成功的是谁?中国民航的发展史都经历了怎样的波澜?不同地区,不同客流量的机场是怎样分类的呢?乘坐飞机的时候可能会遇到不同机型、不同大小的飞机,大型飞机的起降对机场的要求是怎样的?

　　怎样回答上述问题呢?本章的学习能让王晶对国内民航旅客运输有一个基本的了解。

　　案例思考:想一想,除上述案例中王晶迫切想知晓的问题外,你还有哪些感兴趣的问题?

第一节　民航运输概述

一、我国民航发展史

我国是有 5 000 年文明历史的国家，古代发明的风筝、火箭、孔明灯、竹蜻蜓等飞行器械被认为是现代飞行器的雏形，对航空的产生起了重要作用。

我国的航空事业起步于 19 世纪的最后几年。1909 年，旅美华侨冯如制作出中国人的第一架飞机并试飞成功（图 1-1）。1911 年 2 月，冯如谢绝美国多方聘任，带着助手及两架飞机回到中国，却不幸在广州燕塘举行的一次飞行表演中失事殉职。

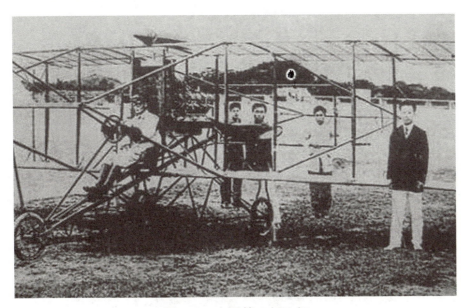

图 1-1　中国第一架飞机

1916 年，毕业于麻省理工学院航空工程专业的中国人王助，受聘成为波音公司第一任总工程师，成功设计出双浮筒双翼水上飞机。抗日战争期间，王助组建了中国航空研究院，成为我国近代航空工业主要奠基人之一。

1918 年，北洋政府设立航空事务处掌管全国军民航空事务。1920 年

4月开通的京沪线北京至天津段于7月1日正式开航,后因机场设备差和经费困难而停航。

1928年6月,国民党政府交通部开始筹办民用航空,并开始与外国合资组建航空公司。1930年7月,中美合作的中国航空公司成立。1931年,中德合作成立了欧亚航空公司,该公司于1943年3月改组为中央航空公司。

抗日战争期间,为抗击国际法西斯侵略,在中、印、缅边境的"驼峰空运"中,中国航空公司曾运载了大量的战略物资,为取得抗日战争和国际反法西斯战争的胜利做出了贡献,培养和锻炼了一大批中国民航技术业务人员,壮大了中国民航的技术力量。

1949年,中华人民共和国成立前夕,中国航空公司和中央航空公司迁到香港。同年11月9日,在中国共产党的直接领导下,中国航空公司总经理刘敬宜和中央航空公司总经理陈卓林,发动了著名的"两航起义",率领12架飞机从香港飞回内地(图1-2)。"两航起义"奠定了新中国民航事业的基础。

图1-2 机组合照

1949年11月,中央军委民航局成立,统管全国的民航事务。1950年8月1日,中国民航独立自主经营定期航班,这是中华人民共和国成立后民航发展的新起点。

1953年,民航成立了第一个飞行大队。1954年,民航局归国务院领导,更名为中国民航总局,在业务上从属于空军领导,是一个半军事化的行业,主要服务于各项政治和军事目的。

1957年8月28日,周恩来总理在中缅通航一周年的总结报告中做出批示:"保证安全第一,改善服务工作,争取飞行正常。"这条重要批示从此被确立为中国民航的工作方针。

1971年10月,我国在联合国的合法权利得到恢复,同年11月,国际民航组织也通过决议,我国成为其常任理事国。

1980年,民航正式从由军队领导转为由政府领导,成为一个从事经济发展的业务部门,民航管理开始走上现代化的道路。

1980年到1986年,民航按照走企业化道路的要求,进行了以经济核算制度和人事劳动制度为核心的一系列管理制度上的改革。

1987年开始,民航实施了以政企分开,管理局、航空公司、机场分设为主要内容的体制改革,将航空公司、机场和行政管理当局按照其自身性质政企分开,分别进行经营和管理,现代民航业架构基本形成。通过改革,1987年到1992年分别设立了民航华北、华东、中南、西南、西北、东北6个地区管理局,组建了中国国际、东方、南方、北方、西南和西北6大骨干航空公司和若干子公司,建成了北京首都机场、上海虹桥机场、广州白云机场、成都双流机场、西安咸阳机场和沈阳桃仙机场。

2002年起,中国民航开始进行以航空运输企业联合重组和机场属地化管理为主要内容的重大改革,形成3个大型航空运输集团,即中国航空集团公司、中国东方航空集团公司和中国南方航空集团公司。另外,成立三大航空服务保障集团,即中国民航信息集团公司、中国航空油料集团公司和中国航空器材进出口集团公司。

现在,除首都机场和西藏自治区的机场外,原民航总局直属的机场已经全部移交地方政府管理。

与此同时,民航行业管理部门也进行了机构和职能调整,从原三级行政管理改为"民航局—地区管理局"两级行政管理。原省(区、市)局改为安全监督管理办公室,成为地区管理局的派出机构。

2005年,《国内投资民用航空业规定》正式发布施行,放宽了对所有权的限制,鼓励民营资本进入民航业。目前,已有多家民营航空公司参与国内市场竞争,打破了由少数航空公司垄断的局面。

2008年,根据国务院新的机构改革方案,"中国民用航空总局"正式更名为"中国民用航空局",隶属于交通运输部管理。

2009年,33个省(市、自治区)民航安全监督管理办公室提升为民航安全监督管理局，中国民航安全监管的三级新体制形成。

2005年开始，我国成为仅次于美国的全球第二大航空运输系统。随着全球航空联盟的快速发展，近几年，我国三大航空公司（国航、南航、东航）也陆续加入联盟，我国已成为名副其实的民航大国。

2005年，我国大陆的航空公司在中断56年后实现了大陆地区与我国台湾地区之间的双向对飞。

2010年8月，中国民航局提出全面推进建设民航强国的战略构想。民航强国具体表现在要有国际竞争力的大型网络型航空公司，布局合理的机场网络体系，安全高效的空中交通管理体系，安全、高效、经济的技术服务保障体系，功能完善的通用航空体系。

建设民航强国的战略目标分两步走。第一步（2010—2020年）为全面强化基础阶段；第二步（2020—2030年）为全面提升飞跃阶段。到2030年，全面建成世界公认的民航强国。

二、航空运输的特点

航空运输又称为飞机运输，简称空运，它是在具有航空线路和飞机场的条件下，利用飞机作为运输工具进行货物运输的一种运输方式。航空运输具有以下几个特点。

1. 商品性

航空运输所提供的产品是一种特殊形态的产品——"空间位移"，其产品形态是改变航空运输对象在空间上的位移，产品单位是"人千米"和"吨千米"，航空运输产品的商品属性是通过产品使用人在航空运输市场的购买行为最后实现的。

2. 服务性

航空运输业属于第三产业，是服务性行业。它以提供"空间位移"的多寡反映服务的数量，又以服务手段和服务态度反映服务的质量。这一属性决定了承运人必须不断扩大运力满足社会日益增长的产品需求，遵循"旅客第一，用户至上"的原则，为产品使用人提供安全、便捷、舒适、正点的优质服务。

3. 国际性

航空运输已成为现代社会最重要的交通运输形式，成为国际政治往来和经济合作的纽带。这里面既包括国际友好合作，也包含着国际激烈竞争，在服务、运价、技术协调、经营管理和法律法规的制定实施等方面，都要受国际统一标准的制约和国际航空运输市场的影响。

4. 准军事性

人类的航空活动首先投入军事领域，而后才转为民用。在现代战争中，制空权的掌握是取得战争主动地位的重要条件。因此，很多国家在法律中规定，航空运输企业所拥有的机群和相关人员在平时服务于国民经济建设，作为军事后备力量，在战时或紧急状态时，民用航空即可依照法定程序被国家征用，服务于军事上的需求。

5. 资金、技术、风险密集性

航空运输业是一个高投入的产业，无论运输工具，还是其他运输设备都价值昂贵、成本巨大。因此，其运营成本非常高，航空运输业由于技术要求高，设备操作复杂，各部门之间互相依赖程度高，因此其运营过程中风险性大。任何一个国家的政府和组织都没有相应的财力，像贴补城市公共交通一样去补贴本国的航空运输企业。出于这个原因，航空运输业在世界各国都被认为不属于社会公益事业，都必须以盈利为目标才能维持其正常运营和发展。

6. 自然垄断性

由于航空运输业投资巨大，资金、技术、风险高度密集，投资回收周期长，对航空运输主体资格限制较严，市场准入门槛高，加之历史的原因，航空运输业在发展过程中形成自然垄断。

三、航空运输的种类

读书笔记

（1）从航空运输的性质出发，一般把航空运输分为国内航空运输和国际航空运输两大类。

根据《中华人民共和国民用航空法》（简称《民航法》）第107条的定义，所谓国内航空运输，是指根据当事人订立的航空运输合同，运输的出发地点、约定的经停地点和目的地点均在中华人民共和国境内的运输。而所谓国际航空运输，是指根据当事人订立的航空运输合同，无论运输有无间断或者有无转运，运输的出发地点、目的地点或者约定的经停地点之一不在中华人民共和国境内的运输。

（2）从航空运输的对象出发，可分为航空旅客运输、航空旅客行李运输和航空货物运输三类。

较为特殊的是航空旅客行李运输，它既可以附属于航空旅客运输中，也可以被看作一个独立的运输过程。航空邮件运输是特殊的航空货物运

读书笔记

输,一级情况下优先运输,受《中华人民共和国邮政法》(简称《邮政法》)及相关行政法规、部门规章等调适,不受《民航法》相关条文规范。

(3)按照航空运输企业经营的形式分为班期运输、包机运输和专机运输。通常以班期运输为主,后两种是按需要临时安排。

延伸阅读一

两航起义

"两航起义",是指1949年11月9日"中国航空公司"和"中央航空公司"的员工在中国共产党地下组织的策动下,在刘敬宜和陈卓林两位总经理率领下在香港举行起义,宣布脱离国民党政权。刘、陈两位总经理乘坐"行官号"飞机由香港飞往北京,其他11架飞机飞往天津。两公司在港员工2 391人在起义宣言上签名,各地员工相继响应。起义后,大批技术人员和职员陆续返回内地参加航空建设。在港的飞机和器材,在员工的尽心保护下运回内地。

"两航起义"直接推动了香港的中国银行、招商局等27个中资单位的相继起义,在当时的影响十分巨大。"两航起义"为新中国的民航奠定了事业发展的物资和技术基础,掀开了新中国民航历史的第一页,对新中国的民航发展具有重大意义。

第二节 民航运输基础知识

一、机场

1. 机场的分类

(1)按机场用途划分,机场可分为军用机场和民用机场两大类。民用机场按其功能又可分为定期航班机场(又称航空港)和通用航空机场。定期航班机场是指用于商业性航空运输,即具有定期客货运输航班服务的机场;通用航空机场是指主要用于农业、林业、地质、搜救、医疗等特定航空运输服务的机场。除此以外，还包括用于飞行学习、企业或私人自用的机场。机场的具体分类如图1-3所示。

图1-3 机场分类

军用机场主要用于军事目的，有时也部分用于民用航空或军民合用。但从长远来看，军用机场将会和民用机场完全分离。

航空港是指从事民航运输的各类机场。在我国通常将大型的民用机场称为航空港，小型的民用机场则称为航站。为了统一称呼，按国际通例，将商业性航空机场统称为机场。

重要机场是指一个国家在航空运输中占据核心地位的机场，如美国把运输量占全国0.05%以上的机场划为重要或枢纽机场，我国则把由中国民航局直接管理的机场划为一类机场，这些机场应属于重要机场。目前，我国还没有关于划分这类机场的标准，但可以把每年客流量50万人次或100万人次作为重要机场的标准，这类机场在整个国家运输中起着核心作用。

一般机场是重要机场之外的其他小型机场。在我国，大多数机场都属于航站，虽然它们的运输量不大，但对于沟通全国航路或促进地区经济发展起着重要作用。

通用航空机场主要用于通用航空，为专业航空的小型飞机或直升机服务。单位或私人机场是指除民航和军用机场外，属单位和部门所有的机场，如飞机制造厂的试飞机场、体育运动的专用机场和飞行学校的训练机场等。国外还有大量的私人机场，服务于私人飞机或企业的公务飞机，这种机场一般只有简易的跑道和起降设备，规模很小，但数量很大。

（2）按航线性质划分，机场可分为国际航线机场和国内航线机场。

（3）按服务航线和规模划分，机场可分为枢纽机场、干线机场、支线机场。枢纽机场往往是连接国际国内航线密集的大型机场，如北京首都机场、上海浦东机场、上海虹桥机场、广州白云等国际机场；干线机场是以国内航线为主、空运量较为集中的大、中型机场，主要是各省省会或自治区首府、重要工业及旅游开放城市的机场；支线机场一般是规模较小的地方机场，以地方航线或短途支线为主，如比较偏远地区的城市机场。

（4）按旅客乘机目的地划分，机场可分为始发/终点机场、经停机场、中转机场。始发/终点机场是指运行航线的始发机场和目的地机场，如北京至哈尔滨航线上的北京首都机场（始发机场）和哈尔滨太平机场（终点机场）；经停机场是指某航线航班中间经停的机场，如北京经停武汉至广州的航线，武汉天河机场为经停机场，在这里航班降落，供在武汉的旅客登机前往广州；中转机场是指旅客乘坐飞机抵达此处时需要下机换乘另外的航班前往目的地的机场，如从南京乘机飞往拉萨，必须在成都双流机场中转，转乘国航西南分公司成都至拉萨航班，此时，成都双流机场为中转机场。

另外，还有备降机场、起飞机场和着陆机场。备降机场是指为保证飞行安全在飞行计划中事先规定的降落机场。当预定的着陆机场由于某种原因无法着陆时，将前往着陆的机场称为备降机场。起飞机场也可作为备降机场。在我国，哪个机场作为备降机场是由中国民用航空局确定的。

2. 民用机场的类别

为了合理配置机场的工作人员和相应的设施设备，确保飞机安全、有序、正点起降，必须给机场划分相应的类别（表1-1）。

表1-1 民用机场的分类

机场类别	流量标准
Ⅰ类	旅客客流量1 000万人次及以上
Ⅱ类	旅客客流量500万～1 000万人次，包括不足500万人次旅客客流量的区域枢纽机场
Ⅲ类	旅客客流量100万～500万人次，包括不足100万人次旅客客流量的直辖市/省会机场
Ⅳ类	旅客客流量50万～100万人次
Ⅴ类	旅客客流量10万～50万人次
Ⅵ类	旅客客流量10万人次以下

3. 机场的功能区域

机场作为商业运输的基地可以划分为飞行区、候机楼和地面运输区三大部分。

（1）飞行区的构成与功能。机场飞行区是飞机运行的区域，主要用于飞机的起飞、着陆和滑行，它分为空中部分和地面部分。空中部分指机场空域，包括飞机进场和离场的航路；地面部分包括跑道、滑行道、停机坪和登机门，以及为飞机维修和空中交通管制服务的设施和场地，如机库、塔台、救援中心等。

1）跑道是机场的主体工程，是指机场内供飞机着陆和起飞用的一块划定的长方形区域。跑道的数目取决于机场航空运输量的大小；跑道的方位方向主要与当地的风向有关；跑道必须具有足够的长度、宽度、强度、表面粗糙度、平整度及规定的坡度。跑道的性能及相应的设施决定了什么等级的飞机可以使用这个机场。机场按这种能力的分类，称为飞行区等级。

飞行区等级由两个部分组成的编码来表示。第一部分是数字，表示与飞机性能相对应的跑道性能和障碍物的限制；第二部分是字母，表示飞机的尺寸所要求的跑道和滑行道的宽度。对于跑道来说，飞行区等级的第一位数字表示所需要的飞行场地长度，第二位的字母表示相应飞机的最大翼展和最大轮距宽度，它们相应的数据见表1-2。

表1-2　飞行区等级划分

数字	飞机基准飞行场地长度/m	字母	翼展/m	主起落架外轮间距/m
1	<800	A	<15	<4.5
2	800～<1 200	B	15～<24	4.5～<6
3	1 200～<1 800	C	24～<36	6～<9
		D	36～<52	9～<14
		E	52～<65	9～<14
		F	65～<80	14～<16

国内的北京首都机场、上海浦东机场和广州白云机场等拥有4F级跑道，可以满足巨型飞机的起降要求。

2）滑行道是连接飞行区各个部分的飞机运行通路，它从机坪开始连接跑道两端。在交通繁忙的跑道中段设有一个或几个跑道出口与滑行道相连，以便降落的飞机迅速离开跑道。

滑行道的宽度由使用机场的最大飞机的轮距宽度决定，要保证飞机在滑行道中心线上滑行时，它的主起落轮的外侧距滑行道边线不少于 1.5～4.5 m。在滑行道转弯处，它的宽度要根据飞机的性能适当加宽。

滑行道的强度要和配套使用的跑道强度相等或更高，因为在滑行道上飞机运行密度通常要高于跑道，而且飞机的总质量在滑行道低速运动时的压强也会比在跑道时略高。

滑行道在和跑道端的接口附近有等待区，地面上有标志线标出。这个区域用于飞机在进入跑道前等待许可指令。等待区与跑道端线保持一定的距离，以防止等待飞机的任何部分进入跑道而成为起飞飞机运行的障碍物或产生无线电干扰。

3）机坪是飞机停放和旅客登机、下机的地方，也可以分为登机坪和停机坪。飞机在登机坪装卸货物、邮件，加油，上下旅客等；在停机坪过夜、维修和长时间停放。停机坪上设有供飞机停放而划定的位置，简称机位。停机坪的面积要足够大，以保证进行上述活动的车辆和人员的行动不受干扰。按照规定，停机坪上用油漆标出运行线，使飞机按照标出的线路进出滑行道，以保证不影响机场交通。

4）机场导航设施也称为终端导航设施，其作用是引导到达机场附近的每架飞机安全、准确地进近和着陆。实践证明，进近和着陆阶段是飞行事故发生最多的阶段，机场导航设施、机场地面灯光系统、机场跑道标志等组成一个完整系统，保证飞机的安全着陆。

5）地面灯光系统主要用于飞机在夜间飞行时的助航。

6）机场的进近区和净空（飞行）区。机场为保证飞机在起飞和降落的低高度飞行时没有地面障碍物妨碍导航和飞行，要划定一个区域，这个区域的地面和空域要按照一定标准来控制，并把有关的地形情况标注在航图上，称为进近区或净空区。

地面区域称为基本区面，空中区域则是在跑道周围 60 m 的地面上空由障碍物限制面构成，障碍物限制面有水平面、进近面、锥形面、过渡面。水平面，是在机场标高 45 m 以上的一个平面空域；进近面，由跑道端基本面沿跑道延长线向外向上延长的平面；锥形面，任水平面边缘按 1∶20 斜度向上延伸的平面；过渡面，在基本面和进近面外侧以 1∶7 的斜度向上向外延伸。

由这些平面构成的空间，是飞机起降时使用的空间，由机场负责控制管理，保证地面的建筑（楼房、天线等）不能伸入这个区域。另外，空中的其他飞行物（飞鸟、风筝等）也不能妨碍飞机的正常运行。

（2）候机楼区构成及功能。候机楼区包括候机楼建筑本身及候机楼外的登机坪和旅客出入车道。它是地面交通和空中交通的结合部，是机场对旅客服务的中心地区。

1）登机坪。登机坪是指旅客从候机楼上机时飞机停放的机坪。这个机坪要求尽量减少旅客步行上机的距离。按照旅客流量的不同，登机坪的布局可以有多种形式。

①单线式。这种形式最简单，即飞机停靠在候机楼墙外沿候机楼一线排开，旅客出了登机门直接上机。它的好处是简单、方便，但只能处理少量飞机，一旦交通流量很大，有些飞机就无法停靠到位，易造成延误。

②走廊式。由候机楼伸出走廊，飞机停靠在走廊两旁，这种形式可停放多架飞机，是目前航空港中使用比较多的一种形式。走廊上通常铺设活动人行道，以减少旅客的步行距离。

③卫星厅式。在候机楼外一定距离设立一个或几个卫星厅，飞机沿卫星厅停入，卫星厅和候机楼之间有活动人行通道或定期来往车辆。它比走廊式优越的地方是卫星厅内可以有很多航班，各航班旅客登机时的路程和消耗的时间大体一致，而且旅客在卫星厅内可以得到较多的航班信息。卫星厅式的缺点是建成后不易进一步扩展。

④车辆运送式，也叫作远距离登机式。飞机停放在离候机楼较远的地方，登机旅客由特制的摆渡车送到飞机旁。这种形式的好处是大大减少了建筑费用，并有着不受限制的扩展余地。但它也存在一些问题，如机坪上的运行车辆和机场服务工作人员人数会增加，旅客登机时间也会增加，尤其遇到下雨、刮风等不良天气时，还会给旅客造成诸多不便。

微课：登机坪的分类

登机形式并不是单一固定的，可以采用多种混合形式，例如，北京首都机场是卫星厅式的，但当客流量增大时，超过的部分就采用远距离登机式来解决。

以上各种形式的登机机坪，除远距离登机机坪外，在停机位置都需要一定的设施帮助驾驶员把飞机停放在准确的位置，使登机桥能和机门连接。登机桥是一个活动的走廊，它可以伸缩，并且有液压机构调整高度，以适应不同的机型，当飞机停稳后，登机桥和机门相连，旅客可以通过登机桥直接由候机楼进出飞机。

2）候机楼。候机楼是一个城市或一个国家的门户，因而候机楼在考虑功能和实用之外，必须要雄伟壮观，体现出国家的气派和现代化的意识，以及地方文化特色和区域特征，同时要考虑便利、安全和保卫的需要。

（3）机场地面运输区的构成及功能。

机场地面运输区包括两个部分：第一部分是机场进入通道；第二部分

是机场停车场和内部道路。

1)机场进入通道。机场是城市的交通中心之一,而且有严格的时间要求,因而从城市进出机场的通道是城市规划的一个重要部分。大型城市为了保证机场交通的通畅都修建了市区到机场的专用公路、高速公路或城市铁路。为了解决旅客来往于机场和市区的问题,机场要建立足够的公共交通系统。有的机场开通了到市区的地铁或高架铁路,大部分机场都有足够的公共汽车线路来方便旅客出行。在考虑航空货运时,要把机场到火车站和港口的路线同时考虑在内。

2)机场停车场和内部道路。机场停车场除考虑乘机的旅客外,还要考虑接送旅客者的车辆、机场工作人员的车辆及观光者的车辆和出租车的需求,因此,机场的停车场必须有足够大的面积。当然,停车场面积太大也会带来不便,一般情况是繁忙的机场按车辆使用的急需程度把停车场分为不同的区域,离候机楼最近的是出租车辆和接送旅客车辆的停车区,以减少旅客步行的距离。机场职工或航空公司使用的车辆则安排到较远位置或安排专用停车场。

要很好地安排和管理候机楼外的道路区,这里各种车辆和行人混行,而且要装卸行李,特别是在高峰时期,容易出现混乱和事故。机场内道路的另一个主要部分是安排货运的通路,使货物能够通畅地进出货运中心。

二、国内主要客运航空公司

1. 我国内地主要客运航空公司

(1)中国国际航空股份有限公司(中央直属企业)。

简称:国航

总部:北京

主运营基地:北京首都国际机场,成都双流国际机场

IATA 代码:CA(大连航空为国航控股子公司,也用 CA 代码)

(2)中国东方航空股份有限公司(中央直属企业)。

简称:东航

总部:上海

主运营基地:上海浦东国际机场,上海虹桥国际机场

IATA 代码:MU

(3)中国南方航空股份有限公司(中央直属企业)。

简称:南航

总部：广州

主运营基地：广州白云机场，北京首都国际机场

IATA 代码：CZ

（4）海南航空股份有限公司（地方国企）。

简称：海航

总部：海口

主运营基地：海口美兰机场

IATA 代码：HU（山西航空、长安航空、中国新华航空为海航控股子公司，也使用 HU 代码）

（5）深圳航空有限责任公司（地方国企，现国航控股）。

简称：深航

总部：深圳

主运营基地：深圳宝安机场

IATA 代码：ZH

（6）上海航空公司（地方国企，现并入东航）。

总部：上海

主运营基地：上海浦东国际机场，上海虹桥国际机场

IATA 代码：FM

（7）厦门航空公司（地方国企）。

总部：厦门

主运营基地：厦门高崎国际机场，福州长乐国际机场

IATA 代码：MF

（8）四川航空公司（地方国企）。

总部：成都

主运营基地：成都双流国际机场

IATA 代码：3U

（9）山东航空公司（地方国企，现国航控股）。

总部：济南

主运营基地：济南遥墙国际机场

IATA 代码：SC

（10）奥凯航空公司（民营航空）。

总部：北京

主运营基地：天津滨海国际机场

IATA 代码：BK

读书笔记

（11）春秋航空公司（民营航空）。

总部：上海

主运营基地：上海虹桥国际机场

IAT 代码：9C

（12）重庆航空公司（地方航空公司，南航控股）。

总部：重庆

主运营基地：重庆江北国际机场

IATA 代码：OQ

（13）河北航空公司（川航控股，原名东北航空公司）。

总部：石家庄

主运营基地：石家庄正定国际机场

IATA 代码：NS

（14）华夏航空公司（中外合资的支线航空公司）。

总部：重庆

主运营基地：重庆江北国际机场

ATA 代码：G5

（15）首都航空公司（海航参股，前身为金鹿航空公司）。

总部：北京

主运营基地：北京首都国际机场

LATA 代码：JD

（16）鲲鹏航空公司（深航参股，曾名河南航空）。

总部：郑州

主运营基地：郑州新郑国际机场

IATA 代码：VD

（17）上海吉祥航空公司（民营航空）。

总部：上海

主运营基地：上海虹桥国际机场，上海浦东国际机场

IATA 代码：HO

（18）天津航空公司（海航参股，支线航空，原大新华快运）。

总部：天津

主运营基地：天津滨海国际机场

IATA 代码：GS

（19）西部航空公司（海航集团参股的民营航空公司）。

总部：重庆

主运营基地：重庆江北国际机场

IATA 代码：PN

（20）成都航空公司（国有合资，前身为鹰联航空）。

总部：成都

主运营基地：成都双流国际机场

IATA 代码：EU

（21）中国联合航空公司（东航全资子公司）。

总部：北京

主运营基地：北京南苑机场

IATA 代码：KN

（22）云南祥鹏航空公司（海航集团控股）。

总部：昆明

主运营基地：昆明长水国际机场

IATA 代码：8L

（23）昆明航空公司（深航控股）。

总部：昆明

主运营基地：昆明长水国际机场

IATA 代码：KY

（24）幸福航空公司（东航参股）。

总部：西安

主运营基地：西安咸阳国际机场

IATA 代码：JR

（25）西藏航空公司（地方国企）。

总部：拉萨

主运营基地：拉萨贡嘎国际机场

IATA 代码：TV

（26）青岛航空公司（民营航空）。

总部：青岛

主运营基地：青岛流亭国际机场

IATA 代码：QW

（27）九元航空公司（吉祥控股的民营航空公司）。

总部：广州

主运营基地：广州白云国际机场

IATA 代码：AQ

读书笔记

（28）扬子江航空公司（海航集团控股，前身为货运航空公司）。

总部：上海

主运营基地：上海浦东国际机场

IATA 代码：Y8

（29）福州航空公司（海航控股的地方航空公司）。

总部：福州

主运营基地：福州长乐国际机场

IATA 代码：FU

（30）浙江长龙航空公司（原货运航空公司）。

总部：杭州

主运营基地：杭州萧山国际机场

IATA 代码：GJ

（31）云南瑞丽航空公司（民营航空公司）。

总部：昆明

主运营基地：昆明长水国际机场

IATA 代码：DR

（32）乌鲁木齐航空公司（海航集团控股的低成本航空公司）。

总部：乌鲁木齐

主运营基地：乌鲁木齐地窝堡国际机场

IATA 代码：UQ

2. 我国港澳台主要客运航空公司

我国港澳台主要客运航空公司见表 1-3。

表 1-3　我国港澳台主要客运航空公司

航空公司	二字代码	英文全称
长荣航空公司	BR	EVA Airways
中华航空公司	CI	China Airlines
国泰航空公司	CX	Cathy Pacific Airways
香港航空公司	HX	Hongkong Airlines
港龙航空公司	KA	Hong Kong Dragon Airlines Ltd.
澳门航空公司	NX	Air Macau
香港快运航空公司	UO	Hong Kong Express

三、民航运输基础术语

1. 航线

（1）定义。民航从事运输飞行必须按照规定的线路进行。连接两个或几个地点，进行定期或不定期飞行，并对外经营航空业务的航空线称为航线。

航线不仅确定有航行的具体方向，起止地点与经停地点，还根据空中交通管制的需要，规定了航路的宽度和飞行的高度层，以维护空中交通秩序，保证飞行安全。

（2）航线分类。

1）国内航线。国内航线指航线的起止点、经停点均在一国境内的航线。国内航线分干线和支线。连接省、自治区和直辖市之间的航线，叫作国内干线。连接中小城市、省或自治区内的航线，叫作国内支线。例如：上海虹桥—北京，称为国内干线；乌鲁木齐—阿勒泰，称为国内支线。

2）国际航线。飞行路线的起止点、经停点不在同一国家的航线，叫作国际航线，如上海—东京—洛杉矶。

3）地区航线。地区航线是指根据国家的特殊情况，在一国的境内与境外之间飞行的航线，目前特指内地与香港特别行政区和澳门特别行政区之间飞行的航线，如上海—香港。

2. 航班

（1）定义。飞机从始发站起飞，经过中间经停点，最终到达终点站的经营性运输飞行叫作航班。

（2）航班的分类。航班有以下多种分类方法。

1）按起讫地的不同可以分为国内航班（航班的起止点、经停点均在同一国境内的航班）、国际航班（航班起止点、经停点不在同一国家境内的航班）、地区航班（目前特指内地与香港特别行政区和澳门特别行政区之间飞行的航班）。

2）按经营的时间可以分为定期航班（按航班时刻表，定时间、定日期、定机型的航班飞行，也可称为班期航班。其中，严格按照航班时刻表执行的航班称为正班航班；临时增派飞行的航班称为加班航班；遇见特殊情况，取消当日飞行，第二天执行的航班称为补办航班）、不定期航班（也称为包机航班，是没有固定时刻的运输飞行，是根据临时性任务进行的航班飞行）。

3）按航班的起飞方向可以分为去程航班和回程航班。去程航班一般

读书笔记

是指飞机从基地站出发的运输飞行，返回基地站的运输飞行为回程航班。

4）按航班的数目可以分为直达航班与转机航班。始发至目的地只有一个航班号不转换飞机的称为直达航班，有些直达航班在途中设有1～2个经停点。始发至目的地有两个以上航班组成的，称为转机航班。例如：上海—乌鲁木齐，航班号为MU5605，经停西安，该航班称为有一个经停点的直达航班；上海—西安，航班号为MU2335，西安—乌鲁木齐，航班号为9C8845，该航班为转机航班，MU2335转9C8845。

3. 航班号的编排

为方便运输和用户，每个航班均编有航班号。中国国内航班的航班号由执行航班任务的航空公司二字代码和4个阿拉伯数字组成，其中第一位数字表示执行该航班任务的航空公司或所属管理局；第二位数字表示该航班终点站所属的管理局；第三、第四位数字表示班次，即该航班的具体编号，其中第四位数字若为奇数，则表示该航班为去程航班，若为偶数，则为回程航班。

例：国内航班后两位数字，如CA1503（杭州—北京）中的"03"表示该航班为飞离基地去程航班，其回程航班将会改为CA1504（北京—杭州）

目前，由于国内航空公司兼并和航班数量的大幅增长，航班号编排规律不再明显。

中国国际航班的编号是由执行该航班任务的航空公司的二字代码和3个阿拉伯数字组成，其中最后一个数字为奇数者，表示去程航班，最后一个数字为偶数者，表示回程航班。

例：CA981指中国国际航空公司承担的自北京去往纽约的国际航班。

注意：国际航班，国航首位数字用"9"表示，不同于国内航班。东航首位数字为"5"，南航首位数字为"3"。

4. 航段

航段是指航线中点与点之间的航程。航线的经停点越多，航段数就越多。航线经停点的多少是根据客货运输的需求和飞机航行能力决定的，中、小型飞机在飞远距离较远航线时一般航段较多。有时为了提高飞机的载运量会增加飞机的经停点。但是，为了提高飞机的日利用率和体现飞机速度快的优点，在一条航线上应尽量减少经停点。

5. 班次

班次是指航班在单位时间内飞行的次数。通常用一周为标准计算航班的飞行班次。一个飞行班次指航线从始发点到终点的一次飞行，以航班号

第一章 国内民航旅客运输概况

为准。只要是同一航班号,无论其经停点多少,只统计为一个班次。一条航线的去程和回程分别为两个航班号,各按一个班次统计。一个往返班次包括去程航班和回程航班。班次的多少依据运量的需要和运力的供给来确定。每周的班次反映某航线的航班密度,它是由运量、运力、机型及效益等因素来决定的。

6. 航空运输产品

航空运输产品为位移,是指旅客或货物、邮件在空间上的位置变化。其特点是:时效性强,不可储存,易消失,各航空公司提供的产品相识度高。数量单位是人千米或吨千米。

本章小结

本章介绍了民航运输的发展史、航空运输的特点及机场的分类情况。通过学习,学生能够判断机场的类型及飞行区的等级。

思考题

1. 机场有哪些分类?
2. 机场的功能区是如何划分的?

第二章
票务业务

理解民航票务业务重要术语的基本概念;熟悉客票的分类和客票录入内容,以及国内客票的分类和内容;掌握客票销售的相关知识,客票使用规定及基本要求。

能够熟练填开电子客票,能够为旅客办理退票、变更、签转业务。

注重培养学生良好的文化意识、服务意识和创新意识,提高学生独立解决问题的能力和抗压能力。

案例导入

国庆假期,成都的刘先生准备一家四口(夫妻二人,9岁儿童一名,13个月儿童一名)去南京探亲,需要购买机票。一家四口的机票是一笔不小的支出,刘先生要考虑:什么时候购买,通过哪种渠道购买最合适;是购买单程机票,还是购买来回程机票更合适;13个月的小宝是不是免票。因为带着两个孩子,需要携带的东西比较多,刘先生还要考虑免费行李额是不是足够,以及如果计划有变,退票改签的费用是多少,退改签程序复不复杂等问题。如何选择才能满足一家人出行的最佳需求是刘先生需要面对的问题,也是很多乘客的困扰。

作为一名乘客,刘先生对机票的价格更是心存困惑。他所理解的机舱分为头等舱、商务舱和经济舱,不同舱位的票价和服务各不相同。但刘先生从网上查询成都到南京的机票价格,从二百多元的折扣票到六千多元的头等舱机票,让人眼花缭乱。机票价格为何会相差这么悬殊呢?

案例思考:作为一名乘务人员,你如何向乘客解答关于机票的疑问?

第一节　客票及电子客票

现在，绝大多数的航空公司已经在客票的使用中完全以电子客票替代传统的纸质客票。在日常的航空旅客服务过程中，旅客也极少有机会接触到纸质客票乘机联。但是，在一些特殊的情况下，尤其是国际运输或国际航班发生不正常后的处置中，因为系统等方面的制约，仍然有可能出现纸质机票或其他纸质乘机票据凭证的情况，所以，有必要了解传统纸质客票的一些内容，并在此基础上全面掌握电子客票的工作内容。

微课：票务业务（一）

一、客票

客票是指由承运人或代表所填开，被称为"客票及行李票"的凭证，包括运输合同条件、声明、通知、乘机联和旅客联等内容。虽然现在的电子客票没有乘机联和客票联等纸质凭证，但是其他的如运输合同条件等内容是与纸质客票相同的。

1. 纸质客票的构成

纸质客票是指以手工或机打形式出示的旅客航空机票。一张传统的纸质客票由财务联、出票人联、1～4不等的乘机联和旅客联组成。

（1）财务联由出票部门工作人员填开（或打印）后撕下，凭此做销售日报，并与销售日报一同上交，供财务部门审核和入账用。

（2）出票人联在填开客票后撕下，由出票部门审核存档以备考查。

（3）乘机联是客票中标明"适用运输"的部分，表示该乘机联适用于指定的两个地点之间的运输。

（4）旅客联是客票中标明"旅客联"的部分，始终由旅客持有。

2. 客票的一般规定

（1）客票为记名式，只限客票上所列姓名本人的旅客使用，不得转让，否则客票无效，票款不退。

（2）旅客应在客票有效期内，完成客票上列明的全部航段。

（3）定期客票只适用客票上列明的乘机日期和航班。

（4）客票的有效期自旅行开始之日起，一年运输有效（另有约定的除外）。如果客票全部未使用，则从填开客票之日起，一年内运输有效。由于承运人的原因造成旅客未能在客票有效期内旅行，其客票有效期将延长到承运人能够安排旅客乘机为止。

二、电子客票

1. 电子客票的定义

电子客票是普通纸质客票的一种替代品，旅客通过航空公司网站或客票直销中心订购机票之后，不通过纸质机票，仅凭有效身份证件即可实现到机场乘机以及接受相关服务。所谓的电子客票实际是普通纸质客票的一种电子映像。国际航空运输协会（IATA）自2004年6月开始推行电子客票，为承运人和旅客带来了越来越多的效益和方便。

纸质客票是将相关信息打印在专门的机票上，而电子客票是将票面信息电子化后存储在航空公司订座系统中。由于原来纸质客票上的信息全部被保存在系统中，所以，电子客票只是"无纸"而不是"无票"，完全不同于无乘机联登机。

电子客票与传统的纸质客票一样，也是记名式，只限客票上所列姓名的旅客本人使用，不得转让和涂改，否则客票无效，票款不退。

旅客应在客票有效期内，完成客票上列明的全部航程。旅客使用客票时，应交验有效客票，包括乘机航段的乘机联和全部未使用并保留在客票上的其他乘机联和旅客联，缺少上述任何一联，客票即无效。

客票有效期的计算，从旅行开始或填开客票之日的次日零时起至有效期满之日的次日零时为止。特种客票的有效期，按该客票的适应票价的有效期计算。由于航空公司的原因，造成旅客未能在客票有效期内旅行，其客票有效期将延长到航空公司能够安排旅客乘机为止。

2. 电子客票的种类

电子客票可以分为本票电子客票和BSP中性电子客票。BSP（Billing and Settlement Plan）客票是国际航空运输协会（IATA）的标准运输凭证，在销售代理人确认之前，没有任何承运人的标志，所以又称中性客票。其最大特点是有利于承运人与代理人之间的结算与管理，有利于提高销售能力和服务质量。

电子客票按照舱位等级分为头等舱（代码为F）、公务舱（代码一般为C）、经济舱（代码为Y）。

电子客票按照旅客身份分为成人票、儿童票（2～12周岁，公布票价

50%）和婴儿票（小于2周岁，公布票价10%）。每一成年人旅客带婴儿超过一名时，超过的人数应该购买儿童票，并占有座位。

3. 电子客票的内容

与纸质客票相同，电子客票的内容也包括以下信息：

（1）承运人名称。

（2）出票人名称、时间和地点。

（3）旅客姓名、航班始发地点、经停地点和目的地。

（4）航班号、座位等级、日期和离站时间。

（5）票价和付款方式。

（6）运输说明事项。

（7）订座状态（OK表示已被确认，RQ表示后补，OPEN表示未确认）。

（8）客票上的CN代表"机场建设费"，YQ代表"燃油附加费"。

旅客可以通过电话、网络、航空公司及其销售代理人的售票处订座。对于已经订妥的座位，旅客应在航空公司规定或预先约定的时限内购买客票。

为了证明旅客的订座和票价，旅客可以要求生成一张相关的《航空运输电子客票行程单》（简称行程单），作为旅客购买电子客票的付款凭证及报销凭证，电子客票行程单可以与登机牌一并提交作为报销凭证。行程单纳入税务机关发票管理，由国家税务总局监制。行程单采用一人一票，不作为机场办理乘机手续及安全检查的必要凭证。行程单一般可以要求航空售票部门邮寄，也可以在乘机当天在机场办理登机时在专设柜台索取。现在下载航空公司的App，在自己的计算机中也可以自助打印行程单。

读书笔记

4. 客票的录入（填写或核对）内容

（1）旅客姓名应该按照旅客出示的有效证件上的姓名书写或录入，应该全名录入或填写。如果是外国人则应该姓氏在前。例如：MR. JOHN SMLTH应录入或写为SMLTH/JOHN MR.

（2）儿童票应在姓名后面标注（CHD），婴儿票标注（IFN），12周岁以下的无成年人陪伴儿童应该在姓名后面标注（UM年龄）。例如，一个无成年人陪伴儿童是10周岁，则标注为（UM10）。

（3）因病残等原因需要特殊护理的旅客，应在其姓名后注明"SP"字样。按成人票价的10%付费的婴儿票，出票时要注意在客票签注栏内注明陪伴人的客票号码；在陪伴人客票的签注栏内注明婴儿客票的票号。

（4）"承运人"栏中应核对各个舱段已经申请或订妥座位的承运人两

读书笔记

字代码,已订妥或申请座位的航班号和等级代号。座位等级代码:头等舱F、公务舱C、经济舱Y,特种票价为W、H、K、V、B等。

(5)"日期和离站时间"栏中,乘机日期以阿拉伯数字表示,日期在前,月份在后,时间用24小时制表示。

(6)"订座情况"栏中用以下列符号表明订座情况:

OK——座位已经订妥;

RQ——已经申请订座但未获证实或列入后补;

NS——不单独占用座位的婴儿;

SA——表示利用空余座位,当不允许预先订妥座位使用。

(7)"免费行李额"栏中需要根据旅客所持客票的票价和座位等级,填写规定的免费行李额。计重制以千克(kg)表示,计件制以件数(PC)表示,无免费行李额以(NIL)表示。

(8)"票价"栏由目的地站三字代码、承运人两字代码及票价数字组成。

如旅客购买了广州—上海—北京的机票,其中第一段是南航承运,票价是900;第二段是东航承运,票价是700;票价栏内显示为

CAN CZ SHA 900Y MU PEK 700Y TOT1600 END

(9)"实付等值货币"栏显示人民币代码为"CNY",以"元"为单位。如果旅费证(MCO)或预付票款通知(PTA)换开客票,应注明MCO或PTA原票证号码。

(10)"付款方式"栏根据付款情况注明:

Cash——现金;

Cheque/Check——支票;

TKT——客票换开;

MCO——旅费证;

PTA——预付票款通知;

CC——信用卡付款。

(11)"签注"栏是注明使用整个客票或某一个乘机联需要特别注明的事项:

1)将客票的有关乘机联签转给其他承运人时,应按照回答在本栏注明,如客票不能签转,应在本栏注明"Non Endorsable";

2)签注对客票使用者有限制规定;

3)签注对客票的有效期可以延长;

4)签注旅客受到使用特种票价的旅行限制;

5）签注航班的订座情况。

（12）"订座记录编号"栏是注明每一位旅客订妥座位后，由售票系统自动生成的一个唯一的 PNR。一般是由英文字母和拉伯数字随机组成的，如 PFVMP9。

5．电子客票使用规定及要求

从 2008 年 6 月 1 日开始，包括我国在内，电子客票使用航空电子客票行程单（简称行程单）作为旅客购买电子客票的付款和报销凭证。

使用电子客票后，旅客只要凭有效身份证明就可以在值机柜台领取登机牌，无须出示行程单。另外，旅客既可以在购票时领取电子客票，也可以事后补领；购票后直接在机场值机柜台凭有效证件打印登机牌，持有效证件和登机牌通过安检登机。代理人或航空公司售票处向旅客提供航空电子客票行程单，各机场不提供打印行程单业务。使用电子客票后，旅客身份证件是唯一可以确认旅客和离港记录相关性的依据。鉴于中国人姓名同音字的情况较多，值机对身份证的核对更要考虑安全检查的环节。由于需要核对每个身份证件，团队旅客也必须逐个办理；所有航班起飞 7 d 后就无法打印行程单（报销单），而且行程单丢失后不予挂失和补打。

电子客票是普通纸质机票的替代产品。旅客通过互联网订购机票之后，仅凭有效身份证件直接到机场办理乘机手续即可成行，实现"无票乘机"。选择电子客票，旅客的购买记录保留在航空公司的订座系统内，旅客不会收到纸制客票。电子客票与普通纸票之间的区别仅仅在于一个有形、一个无形，所有的功能都一样。1994 年，世界上第一张电子客票在美国西南航空公司诞生，结果大获成功。2000 年 3 月 28 日，南航推出了内地首张电子客票。可为旅客提供"网上订票""网上支付""电子客票"服务。

6．电子客票的特点和优势

（1）服务共赢。电子客票为航空公司和旅客带来诸多便利和利益。从旅客角度讲，有更多的选择和便利，旅客可以通过互联网购买机票和使用电子支付方式支付票款，无须再到售票柜台购买。不需要送票、取票，直接到机场凭有效乘机证件办理乘机手续。从航空公司角度讲，可以有效地降低成本、节省时间、实现票证管理的电子化，同时，还便于航空公司开展个性化服务。

（2）节约成本。使用纸质客票的成本包括印刷、运输、保管、回收、人工结算费等，成本将近 30 元。而使用电子客票成本可节约 2/3 以上。电子客票不需要纸质机票打印设备，也可以为航空公司节约固定成本。

（3）安全便捷。纸质客票容易丢失、损坏，一旦丢失、忘带就无法登

读书笔记

机，而电子客票存储在订座系统中，不存在客票造假和遗失客票的情况。此外，纸质客票可能被涂改、伪造，电子客票则不存在类似问题，任何对于电子客票的修改操作都在订座系统中有专门记录，可以随时查询。

（4）管理高效。纸质客票的印刷、分发、监督、回收都需要大量的人力、物力。电子客票有统一、方便的票证管理系统，通过电子数据进行票证管理，使管理更加便捷、高效。

延伸阅读一

航空公司常旅客计划

航空公司常旅客计划（Frequent Flyer Program）是指航空公司向经常使用其产品或服务的客户推出的以里程累积奖励里程为主的促销手段，是吸引商务旅客、提高公司竞争力的一种市场手段。常旅客计划实质上是客户忠诚计划，是一种销售策略。

（一）国内三大航空公司常旅客计划

1994 年，国航在国内最早推出了常旅客计划和相应的知音卡。东航于 1998 年 7 月正式推出了常旅客计划。随后南航等也相继推出了自己的常旅客计划。

航空公司为实施常旅客计划均成立了俱乐部，如"国航凤凰知音俱乐部""东航金燕俱乐部""南航明珠俱乐部"等。符合各航空公司常旅客计划要求的旅客均可申请加入相应航空公司俱乐部，并得到一张会员卡。会员通过乘坐相关航空公司的航班而得到里程，也可通过在该航空公司的合作伙伴消费而得到里程。当里程达到一定标准时，会员可用所得里程换取免费机票、免费升舱或其他指定的奖励。

（二）国际上三大航空联盟常旅客计划

1. 天合联盟常旅客计划

如果旅客加入天合联盟会员航空公司的常旅客计划，就可以通过该账户在天合联盟的所有承运商中赢取和兑换里程数。每次乘坐符合条件的天合联盟航班，都可以获得里程数，累积到优选会员资格中，并享受天合联盟的各项优惠。

2. 星空联盟常旅客计划

星空联盟成员航空公司常旅客计划的会员，可以通过搭乘星空联盟各成员航空公司的航班累积里程、兑换奖励，同时取得相应身份级别。这会使旅客有权享受各种专享权益，包括贵宾休息室使用权、额外行李与优先登机权、优先后补与优先订座权。

3. 寰宇一家常旅客计划

每个成员航空公司都独立提供各自的飞行常客奖励计划，旅客在乘坐整个寰宇一家联盟网络中具有资质的航班旅行时，就可以获得里程/积分，提高会员会籍级别，并在更大范围内享受各种会员优惠。接下来，当旅客准备兑换里程时，可在寰宇一家联盟网络遍及全球的 800 多个目的地中任意选择。

第二节 国内客票

微课：票务业务（二）

国内旅客准备乘坐飞机出行，首先要购买机票。然后通过网络平台或到达出发地的机场办理旅客乘机手续，然后经过安检后，候机、登机、飞行、到达目的地机场。旅客购买机票时，须提供能证明其身份的有效证件并填写旅客订座单，有效证件的种类包括四大类：身份证件类；护照类证件；军警类证件；其他有效身份证件。购买儿童票、婴儿票，应提供儿童、婴儿、出生年月的有效证明；重病旅客购买机票须持有医疗单位出具的适于乘机的证明，经承运人同意后方可购票；购买承运人规定的优惠票，应提供规定的证明。

一、客票的分类

客票是客票及行李票的简称，英文全称为"Passenger Ticket and Baggage Check Ticket"，是由承运人或其代理人填开的凭证，也是旅客乘机或交运行李的凭证，分为国内客票与国际客票。客票是一种有价票证，是旅客与承运人之间的运输契约，其计量单位为"本"。一本完整的纸质客票应该包括封面、附加声明、合同条件、旅客责任限额通告、行李赔偿责任限额通告、重要通知、最迟办理登机手续时间栏、旅客可以免费随身

读书笔记

携带的物品等，其最核心的部分为"票联"。国内客票与国际客票的票联均包括4种，即财务联、出票人联、乘机联及旅客联，旅客联由旅客收执作报销凭证使用，并始终由旅客持有。

客票根据航程性质分为单程客票、联程客票、来回程客票。单程客票是指标明一个航班的点到点之间运输的客票。联程客票是指列明两个（含）以上航班的客票。来回程客票是从出发地至目的地并按原航程返回原出发地的客票。

客票根据使用期限分为定期客票及不定期客票。定期客票是标明航班、乘机日期并且订妥座位的客票。不定期客票是未列明航班、乘机日期也未订妥座位的客票。

客票根据乘机联数分为一联客票、二联客票、四联客票，分别代表只有一个航段运输、有两个或两个以上航段运输、有三个或三个以上航段运输。

二、客票销售

1. 国内民航客票价格分类

客票价格是旅客由出发地机场至目的地机场的航班运输价格，不包括机场与市区之间的地面运输费用，也不包括机场建设管理费，以及旅客使用的任何付费服务及设施所需的费用。正常票价是适用期内的头等、公务、经济各舱位等级的销售票价中的优惠票价。特种票价是不属于正常票价的其他票价。

我国民航运价随运输对象的类别、运输方式和运输距离的不同而变化。根据客舱布局、餐桌及服务标准的等级差别，在大型客机上分为头等舱、公务舱、经济舱票价。每个舱位等级下面复设若干子舱位，分别代表不同的折扣，形成了多等级舱位运价体系。国内航线客运价格还根据旅客年龄和出票时间、地点等具体情况分为儿童和婴儿票价、特种票价、包舱票价等。

2. 不同票价使用范围

（1）经济舱票价：经济舱（Y舱）票价也称普通舱票价，是对外公布的经济舱单程散客成人全票价，是计算其他等级舱位票价的基础。

（2）公务舱票价：公务舱（C舱）是航空公司为了适应公务旅客对座位和服务的需求，在飞机客舱布局上布置了较经济舱服务标准高，但较头等舱服务标准略低的一种舱位；用有公务舱座位布局的飞机飞行的航班可销售公务舱座位。公务舱票价按经济舱票价的130%计算。

（3）头等舱票价：头等舱（F舱）是航空公司为了适应高层次旅客

对座位和服务的需求,在飞机客舱布局上布置了比公务舱更加宽敞舒适的座椅和提供高标准的餐食及高标准的客舱服务的一种舱位;用有头等舱座位布局的飞机飞行的航班可销售头等舱座位。头等舱票价按经济舱票价的 150% 计算。

(4)儿童票价和婴儿票价:儿童票价按正常票价的 50% 计算;婴儿票价按正常票价的 10% 计算。

(5)特种票价:特种票价是航空公司对特殊的运输对象给予固定折扣的一种票价,特种票价以对外公布的正常票价为基础计算;除另有规定外,不得与其他票价组合使用、享受双重优惠。目前存在的特种票价主要是按旅客类型、航班时刻和购买方式来制定的,如老人优惠、教师优惠、军人优惠、员工优惠、代理人优惠、团体优惠、首航优惠、来回程优惠、常旅客优惠等。

(6)包舱票价:包舱票价是根据旅客乘坐飞机的特殊需要,购票单位向航空公司包购飞机中某一客舱舱位的全部座位,但旅客人数不得超过所包舱的座位总数。包舱票价按照包用舱位的座位总数乘以适用的票价计算。包舱票价旅客的免费行李额,按适用舱位票价享受的免费行李额乘以包舱的座位总数计得,而不是按旅客实际人数计算。

延伸阅读二

儿童票和婴儿票

凡旅客购买儿童/婴儿票时,根据中国民用航空局发布的《中国民用航空旅客、行李国内运输规定》办理:

(1)"儿童"指年龄满两周岁但不满十二周岁的人;"婴儿"指年龄不满两周岁的人。

(2)购买儿童票、婴儿票,应提供儿童、婴儿出生年月的有效证明。

(3)儿童按照同一航班成人普通票价的 50% 购买儿童票,提供座位。

(4)婴儿按照同一航班成人普通票价的 10% 购买婴儿票,不提供座位;如需要单独占座位时,应购买儿童票。每一成人旅客携带婴儿超过一名时,超过的人数应购买儿童票。

(5)持婴儿客票的旅客要求退票,免收退票费。

(6) 无成人陪伴儿童作为特殊旅客，只有在符合承运人规定的条件下经承运人预先同意并在必要时做出安排后方予载运。

注意：儿童、婴儿的年龄以实际飞行当天的年龄为准，涉及国内、国际航线，每个航空公司政策不同。

国家发改委和民航局发布《中国民用航空局 国家发展改革委关于明确儿童、婴儿以及革命伤残军人、因公致残的人民警察旅客票价等有关问题的通知》明确要求："儿童、婴儿以及革命伤残军人、因公致残的人民警察乘坐国内航班，可以自愿选择购买航空运输企业在政府规定政策范围内确定并公布的其他种类票价，并执行相应的限制条件。"因此，成人/婴儿购买成人机票在规章层面没有限制，但是，在实际操作中，航空公司的执行尺度却把控很严格。具体以各航空公司规定为准。

3. 国内票价的使用原则

(1) 航空公司公布的票价，适用直达运输。如旅客要求经停或转乘其他航班时，应按实际航段分段相加计算票价。

(2) 客票价为旅客开始乘机之日适用的票价。客票出售后，如票价调整，票款不做变动。若旅客要求退还差价，处理时应按自愿退票处理，然后另按新票价重新购票。退票时根据退票的有关规定收取退票手续费。

(3) 使用特种票价的旅客，应遵守该种特种票价规定的条件。

(4) 旅客应按国家规定的货币和付款方式交付票款，除与航空公司另有协议外，票款应现付。

(5) 当收取的票款与适用的票价不符或计算有错误时，应按照航空公司规定，由旅客补付不足的票款或由航空公司退还多收的票款。

(6) 客票价以人民币10元为计算单位，航空公司收取或支付的其他任何费用以人民币元为计算单位，尾数一律四舍五入。

(7) 政府、有关当局或机场经营者规定的对旅客或由旅客享用的任何服务、设施而征收的税款或费用不包括在航空公司所公布的票价范围内。

三、国内客票内容及有效期

客票内容包括：承运人名称；出票人名称、时间和地点；旅客姓名；

航班始发地点、经停地点和目的地点；航班号、舱位等级、日期和离站时间；票价和付款方式；票号；运输说明事项等。

正常票价客票自旅行开始之日起，一年运输有效。如果客票全部未使用，则从填开客票之日起，一年运输有效。有效期的计算，从旅行开始之日（定期客票）或填开客票之日（不定期客票）的次日零时起至有效期满之日的次日零时为止。特种客票的有效期，按照承运人规定的票价限制条件的有效期计算。

四、国内客票使用规定及基本要求

旅客未能出示有效客票，无权要求乘机。出示有效证件后，如果在离港信息系统中能够查到本人已付款订票，则可以为其办理乘机手续。

客票上必须标明舱位等级，并在航班上订妥座位和日期后方可由承运人接受运输。对未订妥座位的客票，承运人应按旅客的申请，根据适用的票价和所申请航班的座位可利用情况为旅客预订座位。

旅客应在客票有效期内完成客票上列明的全部航程。含有国内航段的国际联程客票，其国内航段的乘机联可直接使用，不需换开成国内客票。旅客在我国境外购买的用国际客票填开的国内航空运输客票，应换开成我国国内客票后才能使用。

第三节 退票、变更和签转

旅客的机票通常是提前预订购买的。目前购买机票的途径很多，可以在航空公司官网购买，也可以在第三方代理网站购买。在正式出行时，旅客可能会遇到机票要改签或者退订情况。关于退改签的费用等事项，在民航局政策指导下，各家航空公司均有自己的具体规定。

一、客票签转、更改及退票概述

1. 客票签转

改变客票的乘机联上指定承运人所需办理的手续，称为客票签转。

微课：票务业务（三）

由于承运人或承运人无法控制的原因造成航班取消、延误、变更等，因而未能向旅客提供已订妥的座位（包括舱位等级），或未能在旅客的中途分程地点或目的地点停留，或造成旅客已订妥座位的航班衔接错失，承运人应当考虑旅客的合理需要并采取相应措施：为旅客安排有可利用座位的承运人后续航班；征得旅客及有关承运人的同意后，办理签转手续；变更原客票列明的航程，安排承运人或其他承运人的航班将旅客运达目的地或中途分程地点，票款、逾重行李费和其他服务费用的差额多退少不补。

2. 客票更改

更改又称改期，是指客人的行程不变、承运的航空公司不变的情况下的更改。更改分为两种：同等舱位更改和升舱。同等舱位更改是指所更改的航班的航空公司和舱位都相同；升舱是指所更改的航空公司相同，但所改的舱位折扣高于原订舱位的折扣。一般情况下，同等舱位更改航空公司不收取手续费；升舱一般情况下航空公司都会要求补足差价。

非自愿变更的原因：取消旅客已经订妥座位的航班；取消的航班约定经停地点中含有旅客的出发地点、目的地点或中途分程地点；未能在合理的时间内按照班期时刻进行飞行；造成旅客已订妥座位的航班衔接错失；更换了旅客的舱位等级；未能提供事先已订妥的座位；其他非承运人原因造成的非自愿变更。

3. 退票

由于承运人未能按照运输合同提供运输或旅客要求自愿改变其旅行安排，对旅客未能使用的全部或部分客票，承运人应按规定办理退票；旅客要求退票，应填妥承运人规定的退款单。

二、客票签转、更改及退票规定

1. 退改签一般规则

旅客在购买飞机票后，如需要进行签转、更改或退票，需要按如下规定办理：

（1）旅客购买机票后，如需要改变航班、日期、舱位等级，应在原指定航班飞机规定离站时间 48 h 前向航空公司提出。因旅客自身原因发生的客票变更也称为"自愿变更客票"。自愿变更客票时，变更舱位等级，票款多退少补。客票只能变更一次，再次变更，须按退票有关规定办理后，重新购票。

（2）由于航空公司的原因导致航班取消、提前、延误、航程改变或不能提供原订座位，这种情况叫作"非自愿变更客票"。航空公司应尽可能优先安排旅客乘坐后续航班，或为其签转其他航空公司的航班。如因航空公司原因发生的非自愿变更客票，旅客的舱位等级也需变更时，票款的差额，多退少不补。

（3）旅客购票后因故不能乘行，可到购票处办理退票。退票时，除凭有效客票外，还需要提供本人的有效身份证件，在航班离站规定时间24 h之前要求退票。收取的退票费由各航空公司自行决定，但最高不得超过机票价格的10%；在航班离站规定时间24 h以内，2 h之前退票，收取机票价格10%的退票费；在航班离站规定时间2 h以内退票，收取机票价格20%的退票费；在航班离站规定时间后退票按误机处理。如因航空公司航班取消、提前、延误、航程改变或承运人不能提供原订座位时，旅客要求退票，始发站应退还全部票款，经停地应退还还未使用航段全部票款，均不收取退票费。总体来讲，机票越早退改，手续费越低，票款退改签费率也与购票价格和舱位有关，特价机票也可办理退改签手续。

（4）残疾军人要求退票，免收退票费。持婴儿客票的旅客退票，免收退票费。持不定期客票的旅客要求退票，应在客票的有效期内到原购票地点办理退票手续。旅客在航班的经停地自动终止旅行，该航班未使用航段的票款不退。

读书笔记

2. 退改签规则多样化

2018年7月，民航局下发《关于改进民航票务服务工作的通知》，要求航空公司合理确定客票退改签收费标准，规定退票费不得高于客票的实际销售价格，要制定机票退改签"阶梯费率"，不能简单规定特价机票一律不得退改签。受民航局的政策指导，国内各家航空公司纷纷推行退改签"阶梯费率"方案，中国东方航空公司在2018年9月4日宣布将原先的两档退改标准调整为四档，并结合不同舱位等级设定客票退改收费；海南航空股份有限公司在2018年冬，制定出台新退改签规则；中国国际航空公司宣布于2019年3月31日起对机票退改执行阶梯费率；中国南方航空公司于2019年3月24日起实施新标准。至此，四大航全部进入阶梯费率时代。

延伸阅读三

国内部分航空公司关于客票退改签的规定

1. 中国国际航空公司国内客票运价规则

2. 中国东方航空公司国内客票使用条件

3. 中国南方航空公司国内客票使用条件

本章小结

本章介绍了民航客票的相关知识,包括客票(含电子客票)构成、填开要求和使用条件,客票的分类、客票销售等客票基础知识;介绍了客票签转、更改及退票定义和一般规定。通过本章的学习,学生能熟练掌握客票的基础知识,能够完成客票填开、签转、改期及退票的常规工作。

第二章 票务业务

思考题

  1. 目前旅客购票的途径有哪些？旅客购票的有效证件有哪些？

  2. 目前旅客改签机票的方式有哪些？

第三章

值 机 业 务

了解值机岗位工作流程,理解值机服务的时间规定;掌握办理旅客乘机手续的整个步骤及其要求;明确值机服务人员岗位职责。

熟悉值机服务的程序,能为旅客办理乘机手续。

注重培养学生严谨的工作作风和服务意识,深化学生对当代民航精神的感悟和践行。

2020年9月，H航空公司航班的值机正在进行。有一家人正在办理值机手续，男主人说随行有老人，希望坐在空间比较大的应急出口座位，这样比较方便照顾。同时工作人员发现女主人的身份证照片与本人有明显差异，该女士说是由于整容了，导致与本人的身份证照片有出入，同时身份证的背面还贴了装饰贴画，导致工作人员不能清楚地辨认身份证的有效日期，而登机时间又迫在眉睫，经过一番处理后还是没能解决，最后值机时间已过，导致不能登机。该女士大闹值机柜台说：飞机还没有起飞，距离起飞时间还有 10 min 呢，为什么不能登机？

值机的过程要做的工作有很多，如安排紧急出口座位，查验客票，收运行李等，有些工作看似简单，但是原则性很强。通过本章的学习，学生可以对值机岗位工作流程，值机服务的时间规定，办理旅客乘机手续的整个步骤、要求及值机服务人员的岗位职责，有所了解和掌握。

案例思考：作为机场工作人员，面对旅客在值机时遇到的上述问题，你应该如何处理？

第一节　值机准备工作

一、航班飞行前一天的准备

1. 收集航班信息和运输信息

（1）查阅当天的航班预报，了解执行航班的机型、机号、座位布局、预定离站时间、航线、经停点和终点。

（2）通过订座系统，了解执行航班的旅客人数、座位登记和配餐情况及重要、特殊旅客服务要求。

2. 准备有关表牌单据

（1）值机人员根据计算机订座人数，准备好相应数目的登机牌、行李牌等业务牌证。

（2）查看特殊旅客信息。

二、航班飞行当天的准备

1. 仪器检查

（1）对于值勤的航班值机员，要了解各航段的座位配额及前一站售票情况有无变更。

（2）掌握工作交接的有关内容，了解待办事宜。

（3）检查对讲机及外场专用车辆的制动转向系统、汽油、机油、水、照明等状况是否良好。

（4）校对时钟，检查磅秤、计算机等是否完好。

（5）校对航班指示牌显示是否正确，以便旅客办理乘机手续。

（6）上述情况如有变动，应做相应调整。

2. 表牌单据核对

（1）准备好舱单（"出发旅客名单表"）、登机牌、行李牌。准备好客票、行李费收据、行李保价单等业务票据。做好办理乘机的手续准备。

（2）熟悉超售情况：为了有效地处理超售情形，需要熟悉每一个航班的超售状况。

读书笔记

（3）座位预留：通常情况下特殊旅客的行李需要提前预留，包括以下几类：

1）贵宾；
2）带儿童/婴儿的家庭；
3）无成人陪伴儿童；
4）集体出行。

第二节 值机业务

一、值机服务的程序

1. 工作程序

（1）悬挂或显示"航班号""到达站"的标牌。

（2）查验客票和有效旅行证件。

（3）收运行李：检查行李包装、行李过秤、填制并拴挂行李牌、传送行李、收取逾重/限重行李费。

（4）在客票有关栏目填写行李件数和质量，撕下乘机联，发放登机牌。

（5）清点旅客人数，接收候补旅客。

（6）填报旅客人数、行李质量、件数。

（7）通知增补餐食供应品。

（8）核对乘机联、行李牌数量。

（9）航班上客时，在登机口利用所收乘机联协助查找未登机旅客。

（10）与乘务长交接人数，同时说明相关重要旅客及特殊旅客情况。

（11）将乘机联和出口航班准备表递交票证管理员保管。

2. 值机服务的时间规定

（1）承运人规定的停止办理乘机手续的时间，应以适当方式告知旅客。通常关闭值机柜台的时间为航班规定离站前 30 min。目前，部分机场由于安全检查级别上升，旅客安检时间较以前有大幅增加，为确保旅客的准点出行率，值机柜台的关闭时间调整为航班起飞前 45 min。

经常外出的人都知道，坐火车可以在火车发车前几分钟通过检票口进站上车，但为什么乘飞机要在航班起飞前 30 min 结束办理乘机手续呢？

首先，根据民航有关规定，民航班期时刻表向旅客公布的起飞时间是指机场地面保障工作完毕，飞机关上客、货舱门的时间，而不是飞机离地升空的时间。离地升空时间与航班公布时间差在 15 min 之内均为正点起飞。

其次，停止办理乘机手续到关机门期间，机场工作人员有以下工作要做：

1）值机、配载人员要结算旅客人数、行李件数，结合货物装运情况计算飞机载重。画出平衡表及飞机重心位置，做好舱单后送交机组签字，这些工作大约需要 15 min。

2）在进行上述工作的同时，广播室通知旅客开始登机，服务人员要核对登机牌，清点人数；旅客上飞机后，乘务员要再次清点人数，防止漏乘，然后进行飞机起飞前的准备工作，给旅客讲解有关注意事项和机上设备的使用方法，检查行李架上的行李是否放好、旅客的安全带是否系好等工作；搬运队还要往机舱内装行李、货物、邮件，以上工作虽是同步进行，但全部完成需要 20 min。

3）飞机关好舱门滑行到跑道起始点，等待机场或空中交通管制人员的放飞指令，这大约需要 10 min。

因此，从停止办理乘机手续到关闭机门大约需要 30 min 时间，这期间民航方面需要做大量的工作，稍有延迟，就可能造成航班延误。

（2）旅客应当在承运人规定的时限内到达机场，凭客票及本人有效身份证件按时办理客票查验、托运行李、领取登机牌等乘机手续。值机人员应该按时开放值机柜台，一般规定 200 座以上的机型，在航班到站时间前 120 min 上岗；200 座以下的，提前 90 min 上岗；100 座以下的，提前 60 min 上岗。

（3）承运人应按时开放值机柜台，按规定接受旅客出具的客票，快速、准确地办理值机手续。

二、值机服务柜台的种类

为了提高值机服务的速度和效率，各机场或公司可以根据自己公司所拥有的值机柜台数量进行合理分类。分类需要根据本地区本企业的旅客情况进行具体分析，分类的目的是保证值机柜台的值机质量和速度。通常，值机服务柜台有以下几种。

1. 普通旅客柜台

任何旅客在指定的普通值机柜台都可办理登机、托运手续，行李较多

读书笔记

的旅客应提早办理登机手续，以免耽误行程。

2. 值班主任柜台

乘坐各国际国内航班的 VIP 头等舱旅客，持有本航空公司会员卡的旅客都可以在此柜台享受与众不同的便捷或无缝隙的一条龙服务。

3. 会员专柜

此柜台为通过各航空公司特别会员服务方式订票的旅客提供在机场的取票服务，或提供大客户贵宾的乘机优质服务，还为旅客办理各航空公司俱乐部的现场入会手续，为持有会员卡的旅客查询旅程、旅程补登、制卡等服务。

4. 特殊旅客服务柜台

此柜台专为晚到旅客，有特殊需要的旅客（如无人陪伴儿童、孕妇、伤病旅客等）提供方便、快捷、舒适的服务，尽可能满足每位旅客的特殊需求。

5. 团体旅客柜台

此柜台专门为团体旅客办理乘机手续服务。

第三节 办理旅客乘机手续

一、查验客票

检查客票包括合法性、有效性、真实性和正确性 4 个方面。旅客乘坐飞机必须交验有效客票，承运人自办理乘机手续至到达目的地的这段时间里，都有权查验旅客的客票。

（1）客票的合法性。客运企业出售的客票符合我国和国际上有关规定，并为空运企业承认和接受。查验内容如下：

1）查验客票的出票人是否与本公司有相关的代理业务或财务结算关系。

2）查验客票乘机联是否符合签转规定，是否加盖了签转章。

3）查验客票是否已经通知声明挂失。

（2）客票的有效性。

1）查验所接受的乘机联的运输有效航段、承运人，必须与实际承运的航段和承运人一致。

2）客票各联页是否齐全。所接受的客票应具备乘机联和旅客联，任何情况下不得接受无旅客联的单张乘机联。

3）查验客票填写是否完整。如果接受不定期客票，须将承运人、航班、日期、订座情况补填在客票上，方为有效。

4）查验客票是否在有效期内（有效期为一年）。旅客必须在客票有效期内完成客票上列明的中途分程、联程、回程的全部航程。

（3）客票的真实性。客票的真实性是指客票本身和客票上所反映的情况都是真实的，不得伪造或涂改。

（4）客票的正确性。客票的正确性是指客票乘机联上的内容正确无误。其内容如下：

1）承运人实际承运的航段与乘机联上标记的航段一致。

2）实际承运人与乘机联上指定的承运人一致。

3）客票所采用的运价正确，与座位等级、航程、折扣、特种票价一致。

4）客票上所用各种代号正确。

二、座位安排

安排旅客座位是办理乘机手续中的一项重要工作。安排好旅客座位，不仅是提高旅客服务质量，维持旅客上下飞机秩序的保证，而且能有计划地安排飞机的载重平衡，确保飞行安全。

1. 基本要求

（1）旅客座位的安排，应符合飞机载重平衡要求。

（2）按座位等级安排旅客就座，F舱座位由前往后集中安排，Y舱由后往前安排。

（3）团体、家庭或互相照顾的旅客安排在一起。

（4）不同政治态度和不同宗教信仰的旅客，不应安排在一起。

（5）国际航班在国内航段载运国内旅客时应与国际旅客分开安排。

（6）VIP或需照顾的旅客，按旅客所定舱位等级情况及人数，预留相应座位。

（7）经停站有VIP或需照顾的旅客，事先通知始发站留妥合适座位。

（8）携带外交信袋的外交信使及押运员应安排在便于上下飞机的座位。

（9）应急出口座位应严格按规定发放。

读书笔记

2. 应急出口座位

出口座位是指旅客从该座位可以不绕过障碍物直接到达出口的座位和旅客从离出口最近的过道到达出口必经的成排座位中的每个座位。

（1）出口座位旅客应完成的职责（所具备的能力）。

1）确定应急出口的位置。

2）认出应急出口开启机构。

3）理解应急出口的操作指示。

4）操作应急出口。

5）评估打开应急出口是否增加由于暴露旅客而带来的伤害。

6）遵循机组成员给予的口头指示或手势。

7）固定应急出口，以便不妨碍使用该出口。

8）评估潜在的状况，操作滑梯并协助他人从滑梯离开。

9）迅速地经应急出口通过。

10）评估、选择和沿着安全路线从应急出口离开。

（2）不宜在出口座位就座的情况。当旅客存在下述情况时，不宜在出口座位就座：

1）该旅客的两臂、双手和双腿缺乏足够的运动功能、体力或灵活性导致能力缺陷，包括向上、向旁边和向下达不到应急出口位置和应急滑梯操纵机构；不能握住并推、拉、转动或者不能操作应急出口操纵机构；不能推、撞、拉应急出口舱门操纵机构或者不能打开应急出口；不能把与机翼上方出口窗门的尺寸和质量相似的东西提起、握住、放在旁边的座椅上，或者把它越过椅背搬到下一排去；不能搬动在尺寸与质量上与机翼上方出口门相似的障碍物；不能迅速地到达应急出口；当移动障碍物时不能保持平衡；不能迅速走出出口；在滑梯展开后不能稳定该滑梯；不能帮助他人用滑梯离开。

2）该旅客不足15岁，或者如没有陪伴的成年人、父母或其他亲属的协助，缺乏履行上述所列的一项或多项能力。

3）该旅客缺乏阅读和理解规定要求的、由公司制定的出口座位旅客须知的能力，或者缺乏理解机组口头命令的能力。

4）该旅客在没有隐形眼镜或普通眼镜以外的视觉器材帮助时，缺乏足够的视觉能力导致缺乏履行上述所列的一项或多项能力。

5）该旅客在没有助听器的帮助时，缺乏足够的听觉能力听取和理解乘务员的大声指示。

6）该旅客缺乏足够的能力将信息口头传达给其他旅客。

7）该旅客具有可能妨碍其履行前述中一项或多项适用功能的情况或

职责，例如，要照料幼小的孩子，或者履行前述功能可能会导致其本人受到伤害。

（3）具体发放规定。

1）应将出口座位旅客须知卡放在值机柜台前显著位置，让旅客便于阅读。

2）航班预计旅客人数不需占用出口座位时，不得将旅客安排在出口座位；需要使用出口座位时，应提前安排有能力的旅客就座出口。

3）在办理出口座位乘机手续时，必须用明确的语言询问旅客是否愿意履行出口座位旅客须知卡上列明的职责；在得到旅客的承诺以前，值机人员不得将旅客安排在出口座位。

（4）更换出口座位规定。在出口座位就座的旅客按出口座位旅客须知卡进行自我对照，发现有下列情况时，可提出调换座位：

1）属于不宜在出口座位就座情况的。

2）不能确定自己是否具备应当具备能力的。

3）为了履行出口座位处的功能有可能伤害其身体的。

4）不能履行出口座位处可能要求其履行的职责的。

5）由于语言、理解等原因，不能理解出口座位旅客须知卡内容和机组成员讲解内容的。

6）值机人员根据本条规定，确认被安排在出口座位上的旅客很可能没有能力履行上述所列的职责，或者旅客自己要求不坐在出口座位时，应立即将该旅客安排在非出口座位的位置。

7）在非出口座位已经满员的情况下，如果需要将一位旅客从出口座位调出，值机人员应将一位愿意并且能够完成应急撤离功能的旅客调到出口座位处。

三、收运行李

行李运输是随旅客运输而产生的，与旅客运输有着不可分割的关系。

收运行李主要包括以下工作内容：

（1）了解行李的内容是否属于行李的范围。

（2）了解行李内是否夹带禁运品、违法物品或危险品，是否有易碎易损、贵重物品或不能作为交运行李运输的物品。

（3）检查行李的包装是否符合要求，检查行李的体积、质量是否符合要求。

读书笔记

(4)行李过秤。
(5)免费行李额确定与逾重行李收费。

四、值机柜台关闭

航班离站前 30 min，停止接收旅客，清点乘机联和行李牌。实行"全开放"柜台方式办理值机手续，航班控制人员将在航班规定的离港时间前 25 min 在离港系统中初始关闭。航班初始关闭后，值机柜台将不能再接收被关闭航班的旅客。

航班剩余座位在没有特殊要求预留的情况下，可按规定妥善安排超售。未能按时中转或晚到的旅客，如果另有余位，及时报值班主任了解是否有特殊旅客要优先候补，然后通过候补票台进行补票。

对迟到的旅客，在其客票的背面注明迟到的时间，然后替旅客办理改签或退票手续，在不影响航班正点的前提下，可根据现场情况，经值班主任同意后予以办理乘机手续。

在截止办理乘机手续后，清点乘机联，准确无误后，填好业务交接单，上联交平衡人员，下联交行李装卸人员。

旅客登机完毕后，值机人员上飞机与乘务人员当面交接旅客人数，待平衡人员交接完毕，飞机关上舱门后方可离岗。

五、电子客票的乘机手续

电子客票的乘机手续与传统纸质客票的乘机手续基本相同，但应注意以下内容：

(1)值机人员可通过有效证件号码、电子客票号或记录编号 PNR 等方式提取旅客的电子客票信息，并查看电子客票状态。

(2)核对旅客所持有效证件与电子客票信息是否一致，如不符，不予办理值机手续。

(3)值机员核对旅客信息正确后，按正常操作程序办理值机手续；旅客凭登机牌和有效证件通过安检。

(4)电子客票行程单不允许重复打印。

本章小结

本章详细讲解了值机服务的准备程序、值机服务的流程。通过学习,学生能够完成值机手续的办理业务、合理安排出口座位,保证飞机的安全运行。

思考题

1. 为什么要在航班起飞前 30 min 结束办理乘机手续?
2. 出口座位旅客应具备哪些能力?

第四章

行李运输

掌握行李运输的一般规定；掌握特殊行李运输的相关规定；掌握行李运输的流程及行李收运的相关规定；掌握行李赔偿的相关规定。

能够正确理解行李运输的一般规定并运用于实践；能够在实际安检过程中识别特殊行李物品并按照规定进行处理；能够正确地接收旅客的托运行李；能够正确地理解行李赔偿的规定并运用于实践。

注重培养学生的质量意识、环保意识、信息素养、工匠精神和创新思维，以及独立解决问题能力和抗压能力。

行李托运是民航运输中的一个关键服务链条,也是影响旅客出行体验的重要环节。为了进一步规范行李运输服务,持续改进民航服务工作,打造民航"真情服务"品牌,民航局从2017年4月1日开始,持续开展了"民航服务质量规范"专项行动。厦门空港地勤公司积极响应民航局号召,推出行李"一路箱随"服务,让旅客出行无忧。

　　在"一路箱随"服务施行当中,厦门空港从行李收运、行李传送、行李装卸、行李交付、行李提取等全流程进行优化提升,并主动创新,推出了一系列人文服务举措,贴心呵护旅客的托运行李。

　　(1)"白手套"行李整理服务:由行李查询员双手佩戴白手套,在行李下带时双手扶住行李进行缓冲,对转盘行李进行规范整理:确保把手朝外,双肩背带朝上,间距合理,摆放整齐。如遇雨天航班,"白手套"人员对潮湿行李进行清洁处理后再交付。

　　(2)"小猪佩奇"提示框服务:将行李提示框与生动活泼的"小猪佩奇"公仔相结合,并在提示牌上增加行李条核对照片,既能吸引旅客的眼球,又能提示旅客有意识地进行行李核对,降低行李错提的可能性。

　　(3)老弱病残孕旅客"爱心助力"服务:行李查询员主动协助老、弱、病、残、孕等特殊旅客提取行李,彰显人文关怀。

　　(4)"晚到行李早知道"服务:设计晚到行李告示板,结合人工语音广播寻找旅客,使旅客能够尽快尽早获取行李异常信息,主动提前进行服务,减少旅客不必要的等待。

　　案例思考:厦门空港地勤公司推出的行李"一路箱随"服务,对你有何启发?

第一节 行李运输的一般规定

行李运输是旅客运输工作的组成部分,它是随着旅客运输的产生而产生的。行李运输在旅客运输中占据非常重要的地位,旅客旅行是否成功,往往取决于旅客所携带的行李物品运输的完好性和准确性。这是因为,行李本身有价值,更重要的是,它体现旅客旅行的目的,关系到旅客旅行任务的完成和生活的需要。

微课:行李运输的一般规定

一、行李的定义

行李(baggage)是旅客在旅行中为了穿着、使用和方便的需要而携带的物品及其他个人财物。

二、行李的分类

行李的分类有很多种,可以按照运输责任将行李分为托运行李(Checked Baggage)和非托运行李(Unchecked Baggage),也可以按占座情况分为占座行李和非占座行李,还可以按照行李的性状分为普通行李和特殊行李。目前,国内主要航空公司有关行李的具体规定不完全相同,实际工作中应注意遵循相关公司的最新规定。

(一)托运行李

托运行李是旅客交给承运人负责照管和运输并填开行李票的行李。承运人在收运行李时,必须在客票的行李栏内填写行李的件数及质量,并发给旅客作为认领行李用的行李牌识别联。

包装要求:包装完善,锁扣完好,捆扎牢固,能承受一定压力。

计算要求:应计入免费行李额(是根据旅客所付运价、乘坐舱位等级和旅客乘坐的航线决定的,每位旅客的免费行李额,包括托运行李和自理行李)。

质量限制:每件质量不超过 50 kg。目前,有些航空公司已经按照国际惯例更改为 32 kg。

体积限制：40 cm×60 cm×100 cm。

（二）非托运行李

非托运行李是指经承运人同意由旅客带入机舱自行负责照管的行李，包括自理行李和随身携带物品。

（1）自理行李：自理行李是指经承运人同意由旅客自行负责照管的行李。如易碎物品、贵重物品、外交信袋等特殊物品可以作为自理行李由旅客带入客舱，并要求能放入行李架内或座位底下，不妨碍客舱服务和旅客活动。经承运人同意的自理行李应与托运行李合并计重后，交由旅客带入客舱自行照管，并在行李上拴挂自理行李牌。

（2）随身携带物品：经承运人同意由旅客自行携带进入客舱的小件物品。随身携带物品有别于自理行李，是旅客在旅途中所需要或使用而携带的个人物品，如一定量食品、书报、照相机、大衣等。

非托运行李的质量、体积或件数都有限制，超过限制的物品应作为托运行李托运。

国内航空运输非托运行李质量、体积或件数规定见表4-1。国内主要航空公司的国际或地区航空运输非托运行李规定见表4-2。

表4-1　国内航空运输非托运行李质量、体积或件数规定

航空公司	质量限制	件数限制	体积限制
东航	10 kg/件	头等舱2件	每件不超过 20 cm× 40 cm×55 cm
		公务舱、经济舱1件	
南航	5 kg/件	头等舱2件	每件长宽高之和 ≤115 cm
		公务舱、经济舱1件	
国航	头等舱、公务舱 8 kg/件	头等舱、公务舱2件	每件不超过 20 cm× 40 cm×55 cm
	经济舱 5 kg/件	经济舱1件	

表4-2　国内主要航空公司的国际或地区航空运输非托运行李规定

航空公司	质量限制	件数限制	体积限制
东航	10 kg/件	头等舱2件	每件不超过 25 cm×45 cm×56 cm 且长宽高之和≤115 cm
		公务舱、经济舱1件	

续表

航空公司	质量限制	件数限制	体积限制
南航	5 kg/件	头等舱 2 件	每件长宽高之和 ≤ 115 cm
		公务舱、经济舱 1 件	
国航	头等舱、公务舱 8 kg/件	头等舱、公务舱 2 件	每件不超过 20 cm×40 cm×55 cm
	经济舱 5 kg/件	经济舱 1 件	

（三）声明价值的行李

根据航空运输规定，旅客托运的行李在运输过程中发生损坏、灭失时，承运人按照每千克最高赔偿限额赔偿。当旅客的托运行李每千克实际价值超过承运人规定的每千克最高赔偿限额时，旅客有权要求更高的赔偿金，但必须在托运行李时办理行李声明价值，并付清声明价值附加费。办理过声明价值的行李，如在运输途中由于承运人原因造成损失，承运人应按照旅客的声明价值赔偿。承运人应按旅客声明价值中超过最高赔偿限额部分价值的 5‰ 收取声明价值附加费。

（1）旅客的托运行李，每千克价值超过人民币 100 元时，可办理行李的声明价值。

（2）托运行李的声明价值不能超过行李本身的实际价值。

（3）每一位旅客的国内行李声明价值最高限额为人民币 8 000 元，国际最高限额 2 500 美元。

（4）对声明价值有异议而旅客又拒绝接受检查时，航空公司有权拒绝收运。

（5）旅客办理声明价值的托运行李仅限于整包件行李。行李中的任何单个物品不得办理声明价值。

（6）自理行李、随身携带物品、小动物不办理行李声明价值。

（7）当旅客申报价值为外币时，应按当日银行公布的买入价折算成人民币。

（8）办理声明价值的行李质量不计入免费行李额，应另外收费，即办理声明价值的行李应按照逾重行李收取逾重行李费。

声明价值附加费 =［行李声明价值 −（规定每千克限额 × 办理声明价值行李的质量）］×5‰

读书笔记

延伸阅读一

1. 中国国际航空公司关于托运行李的规定

2. 中国南方航空公司关于托运行李的一般规定

3. 中国南方航空公司关于随身携带行李限额的规定

4. 中国东方航空公司关于托运行李的规定

三、免费行李额

免费行李额根据旅客所付运价、乘坐舱位等级和旅客乘坐的航线决定。每位旅客的免费行李额（包括托运行李和非托运行李）规定如下。

（一）国内航线免费行李额

持成人票或儿童票的旅客免费行李额：
头等舱：40 kg；公务舱：30 kg；经济舱：20 kg。

持婴儿票的旅客无免费行李额，部分航空公司允许享有 10 kg 的免费行李额，每名婴儿可免费托运婴儿手推车一辆。

（二）国际航线免费行李额

乘坐国际航线的旅客，免费行李额一般有计重制和计件制两种。不同的航空公司或同一航空公司的不同航线，采用的免费行李额制度有可能不同。

1. 计重制免费行李额

所谓计重制，就是按照行李的质量规定免费行李额及计算逾重行李费的一种行李制度。

计重制国际航线免费行李额规定相对比较简单，与国内航线相同，通常头等舱 40 kg，公务舱 30 kg，经济舱 20 kg，持婴儿票旅客一般无免费行李额但会允许免费携带一辆全折叠婴儿车或手推车。在国内航空公司中，目前东航在其运营的部分国际航线上实行计重制，东航同时要求行李的三边尺寸之和应小于 158 cm。

2. 计件制免费行李额

国内主要航空公司运行的国际航线大多采用计件制。所谓计件制，就是按照行李的件数规定免费行李额以及计算逾重行李费的一种行李制度。

国内主要航空公司运行的国际航线大多采用计件制。目前南航、国航运营的国际航线全面采用计件制，东航运行的部分国际航线采用计件制。鉴于每家航空公司的规定不尽相同，有的还十分复杂，这里仅列出国航和东航两家公司的规定作为参考。

（1）国航相关行李规定。国航将国际航线分为两类，每一类的免费行李件数不同，见表 4-3。

表 4-3　国航国际航线计件制免费行李额

项目	头等舱 （成人、儿童）	公务舱 （成人、儿童）	经济舱 （成人、儿童）	所有舱位 （婴儿）
件数	2 件	2 件	A 类航线 1 件 B 类航线 2 件	1 件
每件质量	≤ 32 kg	≤ 32 kg	≤ 23 kg	≤ 23 kg
每件三边之和	≤ 158 cm			

读书笔记

A类航线：国航实行承运欧洲、非洲、中东（除阿联酋）、亚太（除日本、哈萨克斯坦、澳大利亚、新西兰）、夏威夷、港澳台地区航线。

B类航线：国航实行承运涉及美洲（除夏威夷外）、日本、阿联酋、哈萨克斯坦、澳大利亚、新西兰航线。

婴儿票可另外免费托运一件折叠式婴儿车或摇篮。此外，国航还对以下两类会员旅客给予优惠：

凤凰知音终身白金卡、白金卡、金卡、银卡旅客乘坐头等舱或公务舱时，可在原普通行李免费托运标准基础上额外免费托运一件普通行李，质量须小于或等于32 kg；乘坐经济舱时，可在原普通行李免费托运标准上额外免费托运一件普通行李，质量须小于或等于23 kg。

星空联盟金卡旅客可在原舱位等级普通行李免费托运标准基础上额外免费托运一件普通行李，质量须小于或等于23 kg。

（2）东航相关行李规定。东航实行计件制的区域包括两类（表4-4）。除此之外的区域则实行计重制，具体规定前文已述。

表4-4　东航国际航线计件制免费行李额

项目	头等舱 （成人、儿童）	公务舱 （成人、儿童）	经济舱 （成人、儿童）	所有舱位 （婴儿）
件数	区域一3件 区域二2件	2件	2件	1件
每件质量	≤32 kg	≤32 kg	≤23 kg	≤23 kg
每件三边之和	≤158 cm			

区域一：欧洲、大洋洲、日本、韩国、迪拜、新加坡（部分航线）、泰国（部分航线）。

区域二：北美航程。

（三）合并计算的免费行李额

对于搭乘同一飞机前往同一目的地或中途分程地点的两个或两个以上同行旅客或团体旅客，无论他们是否乘同一等级的座位，如同时在同一地点交运行李，其免费行李额可按人数和票价座位级别合并计算。

在同一航班，禁止不认识的两个或两个以上的旅客将免费行李额度合并计算，并且严禁旅客为不认识或不了解的人捎带行李。

(四)改变舱位等级的免费行李额

旅客自愿提高或降低座位等级时,免费行李额按照改变后的座位等级所规定的免费行李额办理。

旅客非自愿提高或降低座位等级时,在座位等级变更后,仍享受原客票座位等级所规定的免费行李额。

延伸阅读二

1. 中国南方航空公司关于免费行李额的规定

2. 中国东方航空公司关于免费行李额的规定

四、逾重行李费

逾重行李是指超过计重或计件免费行李额的部分。旅客携带逾重行李乘机时,应当支付逾重行李费。

(一)实行计重制的国内和国际航线

实行计重制的国内和国际航线,应对托运行李和自理行李合计质量超过免费行李额的部分收取逾重行李费。逾重行李质量以"kg"为单位,不足 1 kg 时尾数四舍五入。逾重行李费每千克的费率按照填开逾重行李票之日适用的单程成人经济舱公布票价的 1.5% 计算,保留两位小数,即每千克逾重行李费率＝适用的单程成人经济舱公布票价×1.5%。逾重行李费＝每千克逾重行李费率×行李的逾重部分质量。逾重行李费以"元"为单位,元以下四舍五入。

读书笔记

例如：某旅客乘坐 MU5305 次航班从上海至广州，该旅客持 F 舱客票，托运行李 61 kg。若上海至广州的经济舱公布票价为 1 100.00 元人民币。计算逾重行李费。

解：逾重行李费率 =Y 舱票价 ×1.5% =1 100.00×1.5% =16.50（元/kg）

该旅客所持 F 舱客票免费行李额为 40 kg

逾重行李质量 =61-40=21（kg）

逾重行李费 =21×16.50=346.50（元）≈347.00（元）

（二）实行计件制的国际航线

各航空公司对实行计件制的国际航线逾重行李并无统一规定，通常依据具体航线地区给出收费标准（表 4-5、表 4-6）。

表 4-5 国航国际航线行李超限额收费标准

普通行李超限额收费标准		中国—巴西航线		其他航线	
		人民币	美元	人民币	美元
不超件	超重但不超尺寸 23 kg ≤ W ≤ 28 kg； 60 cm ≤ S ≤ 158 cm	380	60	190	30
	超重但不超尺寸 28 kg ≤ W ≤ 32 kg； 60 cm ≤ S ≤ 158 cm	980	150	490	75
	不超重但超尺寸 2 kg ≤ W ≤ 23 kg； 158 cm ≤ S ≤ 203 cm	980	150	490	75
	超重且超尺寸 23 kg ≤ W ≤ 32 kg； 158 cm ≤ S ≤ 203 cm	1 400	220	700	110
超件 2 kg ≤ W ≤ 32 kg； 60 cm ≤ S ≤ 203 cm	超出的第一件行李	1 400	220	700	110
	超出的第二件行李	2 000	310	1 000	155
	超出的第三件行李	3 000	460	1 500	230
	超出的第四件行李	4 500	690	2 200	340
	超出的第五件行李	4 500	690	3 100	480
	超出的第六件行李	4 500	690	4 500	690

表 4-6 东航国际航线行李超限额收费标准

类型		实际规格		收费标准/(元·件$^{-1}$)	
		质量/kg	尺寸/cm	区域一[①]	区域二[②]
超大		≤23	158~203	1 000	1 000
		≤23	>203	2 000	2 700
超重		23~32	≤158	1 000	1 000
		32~45	≤158	不允许	2 700
超件	第一件	≤23	≤158	1 000	1 000
	第二件及更多	≤23	≤158	2 000	1 000

①区域一：欧洲、大洋洲、日本、韩国、迪拜、新加坡（部分航线）、泰国（部分航线）。

②区域二：北美航程。

混合等级客票的逾重行李费，应按各航段票价级别规定的免费行李额分别计算。根据旅客要求，可以收取从始发地点经中途分程地点到目的地点全航程的逾重行李费，也可收取从始发地点到中途分程地点的逾重行李费，但要求旅客必须在其中途分程地点提取行李。对于收取全航程费用的逾重行李或收取到中途分程地点费用的逾重行李，如旅客在途中增加行李或重新托运行李，都必须另行加收或重新计算逾重行李费并填开逾重行李票。

读书笔记

延伸阅读三

1. 中国南方航空公司关于超额行李的规定

2. 中国东方航空公司关于逾重行李收费的规定

第二节 特殊行李运输

特殊行李是指旅客携带的行李物品超出了行李的定义范围，在一般情况下承运人可拒绝运输的行李。但是，一些特殊行李物品经承运人同意，并按承运人要求采取了适当措施或受一定条件限制后，可以成为运输的行李物品。承运特殊行李必须符合国家的法律、法规和承运人的运输规定，在确保飞行安全、人身安全和地面安全的前提下方可承运。

一、禁止运输的行李物品

根据《民航旅客禁止随身携带和托运物品目录》的规定，禁止民航旅客随身携带和托运的物品如下：

1. 枪支等武器（包括主要零部件）

能够发射弹药（包括弹丸及其他物品）并造成人身严重伤害的装置，或者可能被误认为是此类装置的物品，主要包括：

（1）军用枪、公务用枪，如手枪、步枪、冲锋枪、机枪、防暴枪。

（2）民用枪，如气枪、猎枪、射击运动枪、麻醉注射枪。

（3）其他枪支，如道具枪、发令枪、钢珠枪、境外枪支以及各类非法制造的枪支。

（4）上述物品的仿真品。

2. 爆炸或者燃烧物质和装置

能够造成人身严重伤害或者危及航空器安全的爆炸或燃烧装置（物质），或者可能被误认为是此类装置（物质）的物品，主要包括：

（1）弹药，如炸弹、手榴弹、照明弹、燃烧弹、烟幕弹、信号弹、催泪弹、毒气弹、子弹（铅弹、空包弹、教练弹）。

（2）爆破器材，如炸药、雷管、引信、起爆管、导火索、导爆索、爆破剂。

（3）烟火制品，如烟花爆竹、烟饼、黄烟、礼花弹。

（4）上述物品的仿真品。

3. 管制器具

能够造成人身伤害或者对航空安全和运输秩序构成较大危害的管制器具，主要包括：

（1）管制刀具，如匕首（有刀柄、刀格和血槽，刀尖角度小于60°的单刃、双刃或多刃尖刀）、三棱刮刀（具有三个刀刃的机械加工刀具）、带有自锁装置的弹簧刀或跳刀（刀身展开或弹出后，可被刀柄内的弹簧或卡锁固定自锁的折叠刀具），其他相类似的单刃、双刃、三棱尖刀（刀尖角度小于60°，刀身长度超过150 mm的各类单刃、双刃、多刃刀具），以及其他刀尖角度大于60°、刀身长度超过220 mm的各类单刃、双刃、多刃刀具；

（2）军警械具，如警棍、警用电击器、军用或警用的匕首、手铐、拇指铐、脚镣、催泪喷射器。

（3）其他属于国家规定的管制器具，如弩。

4. 危险物品

能够造成人身伤害或者对航空安全和运输秩序构成较大危害的危险物品，主要包括：

（1）压缩气体和液化气体，如氢气、甲烷、乙烷、丁烷、天然气、乙烯、丙烯、乙炔（溶于介质的）、一氧化碳、液化石油气、氟利昂、氧气、二氧化碳、水煤气、打火机、燃料及打火机用液化气体。

（2）自燃物品，如黄磷、白磷、硝化纤维（含胶片）、油纸及其制品。

（3）遇湿易燃物品，如金属钾、钠、碳化钙（电石）、镁铝粉。

（4）易燃液体，如汽油、煤油、柴油、苯、乙醇（酒精）、丙酮、乙醚、油漆、稀料、松香油及含易燃溶剂制品。

（5）易燃固体，如红磷、闪光粉、固体酒精、赛璐珞、发泡剂。

（6）氧化剂和有机过氧化物，如高锰酸钾、氯酸钾、过氧化钠、过氧化钾、过氧化铅、过氧乙酸、过氧化氢。

（7）毒害品，如氢化物、砒霜、剧毒农药等剧毒化学品。

（8）腐蚀性物品，如硫酸、盐酸、硝酸、氢氧化钠、氢氧化钾、汞（水银）。

（9）放射性物品，如放射性同位素。

5. 其他物品

其他能够造成人身伤害或者对航空安全和运输秩序构成较大危害的物品，主要包括：

读书笔记

读书笔记

（1）传染病病原体，如乙肝病毒、炭疽杆菌、结核杆菌、艾滋病毒等。

（2）火种（包括各类点火装置），如打火机、火柴、点烟器、镁棒（打火石）。

（3）额定能量超过160W·h的充电宝、锂电池（电动轮椅使用的锂电池另有规定）。

（4）酒精体积百分含量大于70%的酒精饮料。

（5）强磁化物、有强烈刺激性气味或者容易引起旅客恐慌情绪的物品以及不能判明性质可能具有危险性的物品。

（6）国家法律、行政法规、规章规定的其他禁止运输的物品。

二、限制运输的行李物品

根据《民航旅客限制随身携带或托运物品目录》的规定，民航旅客被限制随身携带或托运的物品如下：

1. 禁止随身携带但可以作为行李托运的物品

（1）锐器。该类物品带有锋利边缘或者锐利尖端，由金属或其他材料制成的、强度足以造成人身严重伤害的器械，主要包括：

1）日用刀具（刀刃长度大于6 cm），如菜刀、水果刀、剪刀、美工刀、裁纸刀。

2）专业刀具（刀刃长度不限），如手术刀、屠宰刀、雕刻刀、刨刀、铣刀。

3）用作武术文艺表演的刀、矛、剑、戟等。

（2）钝器。该类物品不带有锋利边缘或者锐利尖端，由金属或其他材料制成的、强度足以造成人身严重伤害的器械，主要包括棍棒（含伸缩棍、双节棍）、球棒、桌球杆、板球球拍、曲棍球杆、高尔夫球杆、登山杖、滑雪杖、指节铜套（手钉）。

（3）其他。其他能够造成人身伤害或者对航空安全和运输秩序构成较大危害的物品，主要包括：

1）工具，如钻机（含钻头）、凿、锥、锯、螺栓枪、射钉枪、螺钉旋具、撬棍、锤、钳、焊枪、扳手、斧头、短柄小斧（太平斧）、游标卡尺、冰镐、碎冰锥。

2）其他物品，如飞镖、弹弓、弓、箭、蜂鸣自卫器以及不在国家规定管制范围内的电击器、催泪瓦斯、胡椒辣椒喷剂、酸性喷雾剂、驱除动物喷剂等。

2. 随身携带或者作为行李托运有限定条件的物品

（1）随身携带有限定条件但可以作为行李托运的物品。

1）旅客乘坐国际、地区航班时，液态物品应当盛放在单体容器容积不超过100 mL的容器内随身携带，并同时将盛放液态物品的容器置于最大容积不超过1 L、可重新封口的透明塑料袋中。每名旅客每次仅允许携带一个透明塑料袋，超出部分应作为行李托运。

2）旅客坐国内航班时，液态物品禁止随身携带（航空旅行途中自用的化妆品、牙膏及剃须膏除外）。航空旅行途中自用的化妆品必须同时满足三个条件（每种限带一件，盛放在单体容器容积不超过100 mL的容器内，接受开瓶检查）方可随身携带；牙膏及剃须膏每种限带一件且不得超过100 g（mL）。旅客在同一机场控制区内由国际、地区航班转乘国内航班时，其随身携带入境的免税液态物品必须同时满足三个条件（出示购物凭证，置于已封口且完好无损的透明塑料袋中，经安全检查确认）方可随身携带。如果在转乘国内航班过程中离开机场控制区则必须将随身携带入境的免税液态物品作为行李托运。

3）婴儿航空旅行途中必需的液态乳品，糖尿病或者其他疾病患者航空旅行途中必需的液态药品，经安全检查确认后方可随身携带；

4）旅客在机场控制区、航空器内购买或者取得的液态物品在离开机场控区之前可以随身携带。

（2）禁止随身携带但作为行李托运有限定条件的物品。酒精饮料禁止随身携带，作为行李托运时有以下限定条件：

1）标识全面清晰且置于零售包装内，每个容器容积不得超过5L。

2）酒精的体积百分含量小于或等于24%时，托运数量不受限制。

3）酒精的体积百分含量大于24%、小于或等于70%时，每位旅客托运数量不超过5 L。

（3）禁止作为行李托运且随身携带有限定条件的物品。充电宝、锂电池禁止作为行李托运，随身携带时有以下限定条件（电动轮椅使用的锂电池另有规定）：

1）标识全面清晰，额定能量小于或等于100 W·h。

2）当额定能量大于100 W·h、小于或等于160 W·h时必须经航空公司批准，且每人限带两块。

还包括国家法律、行政法规、规章规定的其他限制运输的物品。

读书笔记

延伸阅读四

1. 中国国际航空公司关于行李运输限制的规定

2. 中国南方航空公司关于特殊行李运输的规定

3. 中国东方航空公司关于特殊行李运输的规定

第三节 行李标识及行李收运

一、行李标识

（一）行李标识的说明

行李标识是行李运输的辅助识别标志，与行李牌一并使用。

（二）行李标识的式样

（1）自理行李标识（图4-1）。自理行李标识是旅客自理行李的识别标志。

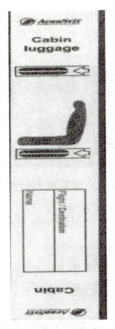

图 4-1　自理行李标识

（2）免费随身携带物品的标识。

1）免费随身携带物品标识是旅客免费随身携带物品的识别标志。

2）免费随身携带物品标识分头等舱标识、公务舱标识和经济舱标识。

（3）旅客行李条（图 4-2）。

图 4-2　旅客行李条

（4）重要旅客行李标识（图4-3）。重要旅客行李标识是重要旅客托运行李的识别标志。

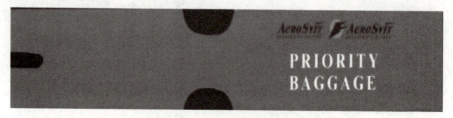

图4-3　重要旅客行李标识

（5）装门口标识（红色）。装门口标识是放置在行李舱门口以便到站首先卸下的托运行李的识别标志。

（6）易碎易损坏行李标识（图4-4）。易碎易损坏行李标识是易碎、易损坏托运行李的识别标志，提醒运输人员轻拿轻放。

图4-4　易碎易损坏行李标识

（7）团体行李标识（若干不同颜色）（图4-5）。

图4-5　团体行李标识

1）团体行李标识是团体旅客托运行李的识别标志。

2）团体行李标识根据团体旅客的区别需要贴挂。不同团体的旅客所托运的行李，应使用不同颜色的标识以示区别。

（8）轮椅标识。轮椅标识是作为托运行李运输的轮椅的识别标志。

（9）特重行李标识。特重行李标识是单件超过 30 kg 的托运行李的识别标志，提醒搬运人员操作时注意方法和姿势。

（10）无成人陪伴儿童行李标识（图 4-6）。

图 4-6　无成人陪伴儿童行李标识

（11）其他行李标识（图 4-7）。

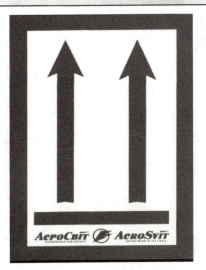

图 4-7　其他行李标识

二、行李收运

（一）拒绝运输

（1）旅客的托运行李、自理行李和免费随身携带物品，如属于或夹带有禁运的物品，航空公司有权拒绝接受该行李的运输。

（2）如旅客没有或拒绝遵守限制运输条件，航空公司有权拒绝接受该物品的运输。

（3）旅客的托运行李、自理行李和免费随身携带物品，如因其形态、包装、体积、质量或特性等原因不符合航空公司运输条件，旅客应加以改善，如旅客不能或拒绝改善，航空公司有权拒绝接受该行李的运输。

（二）行李安全检查

（1）旅客的行李和免费随身携带物品必须经过安全检查。

（2）航空公司为了运输安全原因，可以会同旅客对其行李进行检查；必要时可会同有关部门进行检查。如果旅客拒绝接受检查，航空公司有权拒绝接受该行李的运输。

（三）非托运行李控制

（1）为了维持飞机客舱的内部秩序和保障飞机安全，对旅客带入客舱运输的自理行李和免费随身携带物品应进行控制。

（2）非托运行李控制可采用在乘机手续登记处、旅客安检口、航班登机口等地点设点检查的方式。

（3）非托运行李标准尺寸应作为控制的依据。

（4）超过规定限制的非托运行李，应作为托运行李托运。

（5）登机口发现超过体积限制的旅客非托运行李，应做以下处理：

1）提请旅客作为托运行李办理。

2）提请旅客注意锁好行李或取出贵重物品等。

3）按"旅客晚交运行李"的责任项目，贴挂免除责任行李牌。

4）将行李装入货舱运输。

三、行李收运要求

（一）散客行李收运

（1）旅客应凭有效的客票托运行李。

（2）航空公司只在航班离站当日办理乘机手续时收运行李，如旅客要求提前托运，可事先约定。

（3）托运行李必须经过安全检查。

（4）托运行李收运后，应将件数、质量填写在该旅客离港系统中的相应信息的"件数"和"重量"栏内。

（5）旅客的自理行李，应与托运行李合并计重，填写行李票后交由旅客带入客舱自行照管。

（6）收运特殊行李，应参照有关特殊行李运输的规定办理。

（二）团体旅客行李收运

（1）承运人一般应在离站当日办理乘机手续时收运行李；如团体旅客的行李过多，因其他原因需要提前托运时，可与旅客约定时间、地点收运。

（2）团体旅客要求提前托运行李，值机人员应积极合作，但团体旅客应征得值机人员同意。

（3）团体旅客交运的行李可以合并计算。团体旅客交运的行李总件数和总质量仅在团体负责人的信息中填写。

四、行李称重

（1）行李收运时，应将旅客的托运行李和自理行李分别称重，计算质量。

（2）行李质量以"kg"为单位，不足 1 kg 的，尾数四舍五入。

（3）行李称重要准确。行李逾重要收取逾重行李费的，称重时应将质量告知旅客。

五、行李挂牌

（一）一般规定

（1）旅客的每件托运行李应贴挂行李牌，并将识别联粘钉在客票上交付旅客。

（2）除贴挂行李牌外，应根据情况选择贴挂行李标识。

（3）贴挂行李牌时，如托运行李上已贴挂有旧的行李牌，应将旧牌取下。

读书笔记

（二）收运有运输责任争议的行李规定

收运下列有运输责任争议的行李时，应贴挂行李牌，并请旅客签字，以免除航空公司相应的运输责任。

（1）易碎、易损坏行李物品。

（2）包装不符合要求的行李。

（3）小动物、鲜活、易腐物品或夹带有易腐物品的行李。

（4）迟交行李。

（5）行李有破损和残迹。

（6）超过规定的质量和体积限制的超重或超大行李。

（7）无锁或锁已失效。

（8）登机口拉下的超过规定限制的非托运行李。

（三）免除责任行李牌的填写

（1）应根据情况，在免除的责任项目相应的"□"内注"√"。

（2）如行李在收运时已破损或有残迹，还应同时在免除责任行李牌的背面标出行李破损或残迹的位置。

（3）在免除责任行李牌的正面填明行李的到达站，背面填明航班号。

（4）免除责任行李牌经旅客签字，方为有效。

（5）已挂免除责任行李牌的托运行李，不再贴挂普通行李牌。

（6）将免除责任行李牌识别联交付旅客。

六、行李运载和装卸

（1）旅客的托运行李，应与旅客同机运送，如旅客未能乘机或取消旅行，应卸下该旅客的托运行李（严禁"旅客与行李不同机"）。

（2）旅客的托运行李如不能与旅客同机运送，应向旅客说明，并优先安排在载量允许的后续航班上运送。

（3）旅客的逾重行李在其所乘飞机载量允许的情况下，应与旅客同机运送。如载量不允许，而旅客又拒绝使用后续可利用航班运送，航空公司可拒绝收运旅客的逾重行李。

延伸阅读五

1. 中国南方航空公司关于行李预托运的规定

2. 中国东方航空公司关于行李收运的规定

七、其他特殊行李的收运

（一）小动物运输

小动物是指家庭饲养的猫、狗、小鸟或其他小动物，不包括导盲犬和助听犬。

旅客必须在订座或购票时提出，并征得承运人同意，必须具备出境、入境和过境国家关于运输小动物的必要证件。

装运小动物的容器需要足够坚固，能防止小动物破坏、逃逸和伸出容器之外损伤旅客、行李或货物；要保证空气流通，不致使小动物窒息；能防止粪便渗溢，以免污染飞机和其他物品。

除经承运人特别同意外，小动物不能放在客舱，应装入货舱内运输。由于有关国家拒绝入境、过境或在正常运输条件下小动物不能按时运达目的地、受伤、患病、逃逸或死亡，承运人不承担责任。

小动物及其容器和食物的质量，不得计算在免费行李额内，运费按行李运价计收。

（二）导盲犬和助听犬运输

导盲犬、助听犬运输须事先提出，在符合运输条件并经同意后，可由

读书笔记

盲人或聋人旅客本人带入客舱运输。导盲犬、助听犬可免费运输，不计入免费行李额。旅客对自己携带的导盲犬、助听犬可能对其他旅客或对航空公司造成的所有损害或伤害承担全部责任。

（三）外交信袋的收运

由外交信使携带的外交信袋装有国家的外交机密文件，在大使馆与领事馆之间以及领事馆与本国外交部之间传送传输。外交信袋运输工作关系到国家与国家之间的外交关系。因此，承运人对运输外交信袋必须给予高度重视。

外交信袋可由外交信使随身携带，自行保管。但是，当外交信袋数量较多时，可根据外交信使的要求，按照托运行李办理，但只承担一般托运行李的责任。外交信袋运输需要占座位时，必须在订座时提出，并经承运人同意。外交信袋占用座位时，质量限额不得超过 75 kg，每件体积的限制与行李相同。

外交信袋与信使的行李可以合并计重或计件，超过免费行李额的部分，按照逾重行李的规定办理。占用座位的外交信袋没有免费行李额，运费按下列两种办法计算，取其较高者：根据占用座位的外交信袋实际质量，按照逾重行李费率计算运费；根据外交信袋占用的座位数，按照运输起讫地点之间，与该外交信使所持客票票价级别相同的票价计算运费。

外交信使随身携带的外交信袋较多，要求提供候机室与停机坪之间的地面运输时，可以免费协助提供。班机在中途站停留时，如果外交信使要求留在机上照管外交信袋，在机上留有民航工作人员的情况下，应允许并提供方便。

（四）滑雪用具的收运

一套滑雪用具包括一副雪橇、一副滑杖和一双雪靴。滑雪用具的运输可享受特别运价，特别运价为 3 kg/套 × 费率。特别运价只为帮助旅客少付逾重行李费而使用。每位旅客托运的滑雪用具中只有一套享受特别运价。收费规定如下：

1. 计重制

计重制分下列 4 种情况（以经济舱为例）：

（1）旅客普通托运行李为零，只托运滑雪用具时，不使用特别运价。

（2）旅客普通行李不超重，加上托运的滑雪用具后，行李总质量低于

23 kg 时，按实际的超质量收取逾重费，不使用特别运价。

（3）旅客普通托运行李不超重，但加上托运的滑雪用具后，行李总质量大于 23 kg 时，使用特别运价。

（4）旅客普通行李超重时，对普通行李的超重部分，按实际超质量计收逾重费，对滑雪用具使用特别运价。

2. 计件制

在计件制下，每套滑雪用具按固定标准费率的 33% 收取。

（五）高尔夫用具的收运

一套高尔夫用具包括一个高尔夫球袋和一双高尔夫鞋。高尔夫用具的运输可享受特别运价，特别运价为 6 kg/套 × 费率。每套用具的质量在 15 kg 以下时，使用特别运价（15 kg 以上部分，按普通行李逾重费计收）。每位旅客托运的高尔夫用具中只有一套享受特别运价。

1. 高尔夫用具收费规定

高尔夫用具计费方式有计重制和计件制两种。

计重制可分下列 4 种情况（以经济舱为例）：

（1）旅客的普通托运行李为零，只托运高尔夫用具时，只要高尔夫用具质量低于 15 kg，不使用特别运价。

（2）旅客的普通托运行李不超重，加上托运的高尔夫用具后，行李总质量低于 26 kg 时，按实际的超质量收取逾重费，不使用特别运价。

（3）旅客的普通托运行李不超重，但加上托运的高尔夫用具后，行李总质量大于 26 kg 时，使用特别运价。

（4）旅客的普通行李超重时，对普通行李的超重部分，按实际超质量计收逾重费，对高尔夫用具使用特别运价。

计件制则为每套高尔夫用具按固定标准费率的 50% 收取。

2. 高尔夫用具收运程序

因高尔夫球袋超长，必须做超大行李处理。

（1）值机员将高尔夫球袋件数、质量输入计算机，将计算机打印的行李牌挂在行李上。

（2）将行李牌的旅客提取联交给旅客，请旅客到超限行李柜台托运。

（3）在超限行李柜台，值机员给旅客行李挂上免除责任行李牌后，将提取联交给旅客。

（4）旅客回到该航班柜台领取登机牌。

读书笔记

(六)化学危险品的收运

(1)托运人托运化学物品,应当在托运单上准确地填明物品的具体化学品名称和性状,必要时还应当提供生产技术部门出具的技术说明书。

(2)化学物品必须有与其相适应的完整包装,尤其是气体、粉末、液体状态的化学物品,其包装和质量必须符合安全运输的要求。

(3)除放射性同位素和国际联运货物可以按照有关规定负责承运外,化学物品中属于爆炸、易燃、自燃、有毒、腐蚀等性质的危险品,一律不负责承运。

(4)为确保化学物品的安全运输,应按中国民用航空局制定的"化学物品运输规定"办理。

(七)限制物品的收运

无托运行李或因时间紧来不及放入托运行李,旅客应主动将限制品交安全检查部门装入"限制物品保管袋"。送交乘务长保管,待飞机到达后,交还本人。安全检查部门接受限制物品时,应会同旅客填写"限制物品交接单",一式三联:第一联为旅客联,交给旅客;第二联为存根联,由始发站留存;第三联为到达站联,随限制物品保管交乘务长。旅客收到限制物品后交回"限制物品交接单"的旅客联。如果旅客未领取限制物品,乘务长应将限制物品转交于到达站行李查询部门保管。

> **延伸阅读六**
>
> 1. 中国南方航空公司关于特殊行李的规定
>
>
>
> 2. 中国东方航空公司关于特殊行李的规定
>
>

第四节　行李的赔偿

微课：行李的赔偿

在运输的过程中，由于承运人的过失使旅客的行李全部或部分遭受损坏、丢失、短缺或延误运输，承运人应负赔偿责任。旅客的自理行李、随身携带物品经承运人同意由旅客自行负责照管，除非旅客能提出证明是承运人的过失造成损失外，承运人不负赔偿责任。

因承运人原因致使旅客的托运行李未能与旅客同机到达，造成旅客旅途生活不便，在经停地或目的地应给予旅客适当的临时生活用品补偿费。

一、遗失行李的赔偿

（1）属国内运输的托运行李发生遗失，赔偿金额每千克不超过人民币100元。如行李价值每千克低于100元时，按实际价值赔偿。已收逾重行李费退还。由于发生在上、下航空器期间或航空器上的事件造成旅客的自理行李和随身携带物品灭失，航空公司负担的最高赔偿金额每位旅客不超过人民币3 000元。

（2）属于国际运输（包括构成国际运输的国内航段）符合《华沙公约》缔约国条件的运输，每千克17特别提款权，非托运行李最高限额332特别提款权；符合《蒙特利尔公约》缔约国条件的运输，托运行李和非托运行李最高限额为1 000特别提款权。

（3）旅客丢失行李的质量按照实际托运的质量计算，当无法确定质量时，每位旅客的丢失行李最多只能按照旅客享受的免费行李额赔偿。旅客的丢失行李如已办理行李声明价值，应按声明的价值赔偿，声明价值附加费不退。行李的声明价值高于实际价值时，应按实际价值赔偿。

（4）对于交由承运人保管的客舱管制物品的遗失，应按照一般托运行李的赔偿规定办理。

（5）已赔偿的旅客丢失的行李找到后，承运人应迅速通知旅客领取，旅客应将自己的行李领回，退还全部赔款。临时生活用品赔偿费不退。但如果发现旅客有明显欺诈行为，承运人有权追回全部赔款。

读书笔记

(6) 如遇快递公司无法运送行李或因其他原因需要旅客自行提取行李，承运人应考虑报销其车费。

二、破损或内物短少行李的赔偿

（1）旅客的托运行李部分遭受损失，不管其损失价值如何，只能按占损失行李全部质量中的比例赔偿。但是由于部分损失影响同一件或同一批行李的其他物品价值时，应当将受影响的物品的质量一并计算入行李赔偿质量。

（2）行李损坏时，按照行李降低的价值赔偿（每年20%的折旧率）或负担修理费用。

（3）旅客的丢失行李如果已办理行李声明价值，应按照声明的价值赔偿，最高不超过人民币8 000元，声明价值附加费不退。行李的声明价值高于实际价值时，应按照实际价值赔偿。

$$声明价值附加费 = [行李声明价值 - 50（每千克最高赔偿额）] \times 实际质量] \times 0.5\%$$

（4）损失的部分行李物品在弄不清实际质量时，可使用IATA规定的物品质量表计算质量。

（5）对于交由承运人保管的客舱管制物品的破损、污染或内物短少，应按照一般托运行李的赔偿规定办理。

三、临时生活用品补偿费

因承运人原因造成旅客的托运行李未能与旅客同机到达，使旅客的生活发生不便，承运人应根据实际情况在经停地或目的地等候行李期间，向旅客一次性支付临时生活用品补偿费，作为购买洗漱用具和换洗衣裤等生活日用品的费用。

（1）一次性发给的临时生活用品补偿费一般标准为人民币100元，承运人也可参照当地物价做出本航空公司的补偿费标准。

例如，中国东方航空公司关于临时生活用品补偿费的规定：

国际航班：头等舱旅客——人民币500元；
公务舱旅客——人民币400元；
经济舱旅客——人民币300元；
国内航班：头等舱旅客——人民币300元；

公务舱旅客——人民币200元；

经济舱旅客——人民币100元。

（2）支付临时生活用品补偿费时，填写"日用品补偿费收据"（一式三份），请旅客签收，将旅客联交旅客，存根联附在"行李运输事故记录"上，财务联做报销用，交财务部门。在"行李运输事故记录"上注明已付临时生活用品费金额。办理托运行李丢失赔偿时，应扣除已付给的临时生活用品补偿费。如果丢失的托运行李已找到，旅客不需偿还。

代理其他航空公司处理行李不正常时，除非与承运航空公司有协议外，一般不代其支付临时生活用品补偿费，而是请旅客直接与承运人联系。

（3）下列情况，航空公司不提供临时生活用品补偿费：旅客乘坐航空公司航班到达本站，但行李在外站已遗失且在本站申报遗失前，行李并非该航空公司承运；行李由当天的后续航班运达；行李贴挂有免除责任行李牌，其免责项目为"旅客晚交运行李"；行李系逾重行李，因载量不足而被撤下；旅客的永久或长期地址为托运行李的目的地。

四、承运人的赔偿责任

下列情况造成的行李物品损失，承运人不负赔偿责任：

（1）自然灾害和其他无法控制的原因（战争或者武装冲突）。

（2）由于遵守国家的法律、规章、命令和运输规定，或旅客未遵守这些规定。

读书笔记

（3）旅客托运行李或非托运行李由于行李本身的自然属性、质量或者缺陷造成的损失，承运人不承担责任。

（4）行李内装有承运人规定不能夹带在托运行李内运输的物品，如易碎物品、易腐物品、贵重物品、文件、证件、有价证券、金银首饰、现金等，无论承运人是否了解都不负赔偿责任。

（5）行李外包装完好无损，除非能证明是由承运人的过失造成外，对行李内物发生损坏不负赔偿责任。

（6）旅客接收托运行李时，未提出异议，也未填写"行李运输事故记录"和"行李破损记录"，承运人不负赔偿责任。

（7）逾重行李，而旅客未支付逾重行李费，承运人不负逾重部分的赔偿责任。

（8）对由行李损失而引起的间接损失不负赔偿责任。

（9）拴挂"免除责任行李牌"的托运行李，可免除行李牌上标明的项目的运输责任。

（10）行李在航空运输中因延误造成的损失，承运人应当承担责任，但是，承运人证明本人或者其受雇人、代理人为了避免损失的发生，已经采取一切必要措施或者不可能采取此种措施的，不承担责任。

五、受理赔偿的地点

一般情况下，受理旅客行李赔偿的地点为旅客的目的站或事故发生航站。特殊情况下，航班的始发站也可受理，但是，必须事先与原处理不正常行李运输的航班取得联系，并且得到该航班正式委托后才可以受理。

六、提出异议的时限和诉讼办理

如果旅客提取行李并离开承运人照管的区域后，向承运人或授权代理人报行李遗失、破损或内物短少，旅客必须出具证据证明行李运输事故是由承运人造成的。

托运行李发生损失的，旅客应当在发现损失后向承运人提出异议，最迟应当自收到托运行李之日的7日内提出；托运行李发生延误的，最迟应当自托运行李交付旅客处置之日起21日内提出。除承运人有欺诈行为外，旅客未在上述规定的期限内提出异议的，不能向承运人提出索赔诉讼。

托运行李的毁灭、遗失、损坏或者延误，旅客有权对第一承运人提起诉讼，也有权对最后承运人提出诉讼，旅客可对发生毁灭、遗失、损坏或者延误的运输区段的承运人提出诉讼。上述承运人应当对旅客承担连带责任。

航空运输的诉讼时效期限为两年。自民用航空器到达目的地点、应当到达目的地点或者运输终止之日起计算。

延伸阅读七

1. 中国国际航空公司关于行李延误/损坏/丢失的规定

2. 中国南方航空公司关于行李赔偿的规定

3. 中国东方航空公司关于行李赔偿的规定

本章小结

本章主要介绍了行李运输的相关知识，包括行李运输的一般规定、特殊行李运输、行李标识及行李收运、行李的赔偿四部分，在加强学生理论学习的同时注重个人服务意识与服务技能的提升。

思考题

1. 请列举 5 种乘机禁止运输的行李物品，5 种乘机受限制运输的行李物品。
2. 请查阅网上各大航空公司资料，画出至少 3 种行李标识牌。
3. 请写出行李收运的一般流程。
4. 简述外交信袋行李收运的程序。

第五章
安 全 检 查

熟悉民航安检的规章制度，特别是《民用航空安全检查规则》；熟悉有效证件的种类；了解机场控制区通行证件的种类及式样；明确物品检查的范围和禁止携带的物品种类；了解物品检查和人身检查的情况处置。

掌握检查证件的程序与方法；掌握人身检查的要领、程序和方法；掌握物品检查的方法。

以民航精神与民航标准为指引，注重培养学生风险忧患意识、安全责任意识、文明服务意识、敬业奉献意识。

微课：安全检查

近年来，随着航空运输高速发展，民航高度关注科技运用和流程简化，在网上值机、交运行李自助化等方面取得明显效果，提升了旅客出行体验。在旅客的乘机流程中，安检是必经环节，且具有步骤多、检查较烦琐及耗时较长等特点，尤其是客流高峰期或特殊安保时期，安检员工作紧张繁忙，任务重、压力大，旅客也难免会感到焦虑和不安。针对这一痛点和难点，白云机场安检结合民航安检工作从追求"安全性"向追求"高安全+高效率"转变的目标要求，创新科技运用，组织技术攻关，大力推进"智慧民航"建设，深入探索民航旅客差异化安检新模式，致力安全检查服务品质提升，不断满足人民群众美好出行需求，开通了国内首条"自助智能安检通道"。

白云机场打造的自助智能安检通道，通过综合运用人脸识别、人包对应、毫米波安全门及篮筐回传等新技术，实现自助验证、智能检查、畅行通关。自助智能安检通道是白云机场开展民航旅客差异化安检模式探索的新成果，也意味着中国民航安检即将进入新的阶段，其将引领行业发展态势，促进交流和竞争，助推民航高质量发展，也必将给广大旅客和人民群众带来更可靠的安全保障和更优质的出行体验。

案例思考：

1. 安检岗位的职责都有哪些方面？
2. 像白云机场这种自助智能安检通道能否代替人工检查？什么情况下需要人工检查？

第一节　证件检查的准备工作

安全技术检查简称安全检查，是指在民用机场实施的为防止劫（炸）飞机和其他危害航空安全事件的发生，保障旅客、机组人员和飞机安全所采取的一种强制性的技术性检查。安全检查分证件检查和人身检查两大基础部分，是民航安全检查员（五级）职业技能证书的必考模块。

一、证件检查准备工作的实施

验证员应按时到达现场，做好工作前的准备，按以下内容办理交、接班手续：上级的文件、指示；执勤中遇到的问题及处理结果；设备使用情况；遗留问题及需要注意的事项等。

验证员到达验证岗位后，将安检验讫章放在验证台相应的位置。

检查安检信息系统是否处于正常工作状态，并输入 ID 号进入待检状态。

二、验讫章使用管理制度

验讫章实行单独编号、集中管理，落实到各班（组）使用。安检验讫章不得带离工作现场，遇有特殊情况需带离时，必须经安检部门值班领导批准。

三、安检应知规定

1. 主要国际公约

劫机是以暴力劫持航空器，迫使其偏离航线，飞往指定的国家和地点，以满足劫机者的要求的一种严重的犯罪行为。

为了防止劫持飞机和对国际民用航空的其他干扰行为，国际民航组织曾制定了 3 个反劫机公约和一个补充议定书（表5-1）。

表 5-1　主要国际公约

东京公约 1963.9.14	海牙公约 1970.12.16	蒙特利尔公约 1971.9.23	补充议定书 1988.2.24
第一个反劫机公约	确定犯罪行为	防止危害干涉、破坏和损坏航空安全的各种行为	防止针对机场服务人员和设备的犯罪以及破坏机场未使用航空器

2. 主要国内法律法规

（1）《中华人民共和国民用航空安全保卫条例（2011 年修订）》，2011 年 1 月 8 日国务院第 588 号令。

（2）《中国民用航空危险品运输管理规定（2013 年）》，2013 年 9 月中国民航总局 126 号令。

（3）《民用航空安全检查规则》，2016 年 9 月 2 日中华人民共和国交通运输部第 76 号令。

（4）《中华人民共和国民用航空法（2018 年修正）》，2018 年 12 月 29 日第 24 号主席令。

（5）《民用机场管理条例（2019 年修订）》，2019 年 3 月 2 日国务院第 709 号令。

第二节　有效乘机证件的检查

一、乘机有效身份证件的种类

按照公安部、民航局有关规定，乘机有效证件可归纳为 4 大类：居民身份证件、军人类证件、护照类证件和其他可以乘机的有效证件。

1. 居民身份证件

居民身份证件包括国内大陆地区的居民身份证和临时居民身份证。

2. 军人类证件

军人类证件包括军官证、武警警官证、士兵证、军队文职干部证、军队离（退）休干部证、军队职工证、军队学员证。

3. 护照类证件

护照类证件包括护照、港澳同胞回乡证、港澳居民来往内地通行证、中华人民共和国往来港澳通行证、"台湾居民"来往大陆通行证、大陆居民往来台湾通行证、外国人居留证、外国人出入境证、外交官证、领事官证、海员证等。

4. 其他可以乘机的有效证件

（1）本届全国人大代表证、全国政协委员证。

（2）出席全国或省、自治区、直辖市的党代会、人代会、政协会，工、青、妇代表会和劳模会的代表，凭所属县、团级（含）以上党政军主管部门出具的临时身份证明。

（3）旅客的居民身份证在户籍所在地以外被盗或丢失的，凭案发、报失地公安机关出具的临时身份证明。

（4）年龄已高的老人（按法定退休年龄掌握），凭接待单位、本人原工作单位或子女、配偶工作单位（必须是县、团级［含］以上单位）出具的临时身份证明。

（5）16岁以下未成年人凭学生证、户口簿或者户口所在地公安机关出具的身份证明等。

二、机场控制区各类通行证件知识

1. 全国民航统一制作的证件

（1）空勤登机证。空勤登机证适用于全国各民用机场控制区（含军民合用机场的民用部分）。空勤人员执行飞行任务时。须着空勤制服（因工作需要着其他服装的除外），佩戴空勤登机证，经过安全检查进入候机隔离区或登机。因临时租用的飞机或借调人员等原因，空勤人员须登上与其登机证适用范围不同的其他航空公司飞机时，机长应主动告知飞机监护人员（图5-1）。

图 5-1　中国民航空勤登机证

(2)公务乘机通行证。其全称为中国民航公务乘机通行证,1998年3月1日启用,由中国民用航空局公安局(以下简称民航局公安局)统一制作,由民航局公安局、民航地区管理局公安局、中国民用航空飞行学院(以下简称飞行学院)公安局管理和签发。飞行人员、乘务人员、安保人员、监察人员、航卫人员,执行飞机排故、跟班放行任务的机务维修人员,参与航线实习的航务、签派、管制、航空情报、气象预报人员执行任务时,可申请办理公务乘机通行证。

通行证上有姓名、性别、单位、职务、身份证号、前往地、使用期限、事由、签发人意见、签发日期、注意事项等项目。签发公务乘机通行证应当打印或用蓝黑碳素墨水笔手工填写,字迹工整,不得涂改,在"骑缝章"和"单位印章"处加盖签发单位印章。

每张公务乘机通行证仅向1人签发,有效期一般为7天,特殊情况最长不得超过1个月,前往地最多填写4个,应当用大写数字表明地点数目。通行证只限在证件"前往地"栏内填写的机场适用。

持证人员进入机场控制区时,应当持公务乘机通行证、本人有效居民身份证和任务书(或所在单位证明函或监察员证件),在指定通道接受安全检查。机场安检人员应当在公务乘机通行证上用钢笔或圆珠笔标注查验日期,并在标注的日期上加盖安全检查验讫章。

(3)航空安全员执照。航空安全员执照由民航局公安局统一制发,只适用于专职航空安全员,适用范围与空勤登机证相同。

2. 民航各机场制作的证件

民航各机场制作的证件是根据管理的需要,由所在机场制发的有不同用途和使用范围的证件。从使用时限上可分为长期、临时和一次性证件;从使用范围上分为通用、客机坪、候机楼隔离区、国际联检区等区域性证件;从使用人员上可划分为民航工作人员、联检单位工作人员和外部人员等。

这些证件,在外观颜色上、规格上可能各有区别,但其内容各要素不会有大的区别。

(1)民航工作人员通行证。因为工作需要发给民航内部工作人员进出某些控制区域的通行凭证,由所在机场统一制发和管理,证件外观式样、颜色不尽相同(图5-2),但必须具备以下项目:

图 5-2 民航工作人员通行证

1）机场名称。
2）持证人近期照片。
3）有效起止日期。
4）可进入的控制区区域。
5）持证人姓名。
6）持证人单位。
7）证件编号。
8）发证机构（盖章）。
9）防伪标识等其他技术要求。

证件背面应说明允许通行和到达的区域，一般分为国内候机隔离区、国际候机隔离区、联检厅、抵离区、客机坪、客舱、货舱、货运区、维修区、贵宾区等。

（2）联检单位人员通行证。此证适用于对外开放的有国际航班的机场，主要发给在机场工作的联检单位的有关工作人员，这些单位一般是海关、公安边防、卫生检疫、动植物检疫、口岸办、入出境管理部门等。

此证由所在机场制发和管理，其使用范围一般只限用与持证人工作相关的区域。各机场的证件外观式样与项目内容不尽相同，内容要素与前面所讲"工作人员通行证"相同。

（3）外部人员通行证。使用人员为因工作需要进入机场有关区域的民航以外有关单位的工作人员。这类证件又分为"专用"和"临时"两种。专用证有持证人照片，临时证无持证人照片。专用证的登记项目内容与前

读书笔记

读书笔记

面所说证件相同。临时证则没有那么多内容，但必须有允许到达的区域标记。此证一般与本人身份证同时使用。持外部人员通行证者，必须经安全检查后方可进入隔离区、客机坪。

（4）专机工作证。专机工作证由民航公安机关制发。专机工作证一般为一次性有效证件，发给与本次专机任务有关的领导、警卫、服务等有关工作人员。凭专机工作证可免检进入本次专机任务相关的工作区域。

专机工作证的式样、颜色不一，但应具备以下基本内容和要素："专机工作证"字样、专机任务的代号、证件编号、颁发单位印章、有效日期等。专机工作证的颜色应明显区分于本机场其他通行证件的颜色，以便于警卫人员识别。

（5）包机工作证。包机工作证由民航公安机关制发和管理，发给与航空公司包机业务有关的人员。持证人凭证可进入包机工作相关的区域。证件内容根据使用时间的长短而定。短期的应贴有持证人照片，一次性的可免贴照片。

3. 其他人员通行证件

（1）押运证。押运证有多种式样和形式。此证主要适用于有押运任务的单位和负责押运的工作人员。

担负机要文件、包机和特殊货物押运任务的人员，在飞机到达站或中途站时，可凭押运证在客机坪监卸和看管所押运的货物。

（2）军事运输通行证。以有军事运输任务的机场公安机关颁发的证件为准，使用人员为与军事运输工作相关的人员，可凭证到达与军事运输相关的区域。此证应注明持证人单位、姓名、有效期限并加盖签发单位印章。

（3）侦察证。侦察证全称为《中华人民共和国国家安全部侦察证》，由国家安全部统一制作、签发，全国通用。侦察证式样：封面为红色，上部印有由盾牌、五角星、短剑及"国家安全"字样组成的徽章图案，下部印有"中华人民共和国国家安全部侦察证"字样；封二印有持证人照片、姓名、性别、职务、单位、签发机关、国家安全部印章、编号；封三印有持证者依法可以行使的职权。

国家安全机关的工作人员，因工作需要进出当地机场隔离区、停机坪时，凭机场通行证件通行。在外地执行任务时凭省、自治区、直辖市国家安全机关介绍信（国家安全部机关凭局级单位介绍信）和侦察证进入上述区域。

国家安全机关的工作人员持侦察证乘机执行任务时，机场安检部门按正常安检程序对其实施安全检查。

（4）车辆通行证。凡进入机场控制区的车辆都必须持有专用的通行证件。各机场的车辆通行证件式样不尽相同，但一般应具备以下基本内容和要素：

1）机场名称。

2）车辆类型及牌号。

3）有效起止日期。

4）可进入的控制区区域。

5）准许通行的道口。

6）车辆使用单位。

7）证件编号。

8）发证机构。

9）其他技术要求。

4. 第一代居民身份证的式样

（1）证件正面主体颜色分为红、绿两色，印有中华人民共和国国徽和证件名称，以及环状、网状、团状花纹图案；背面为浅绿色，印有中华人民共和国版图，持证人标准相片及网状花纹图案，姓名、性别、民族、出生年月日、住址 5 个登记项目，以及证件编号、签发日期、有效期限 3 个签发项目和签发机关的印章。证件签发机关为县公安局、不设区的市公安局和设区的公安分局。

（2）第一代居民身份证从登记项目、填写内容和颜色上有一般地区、经济特区和民族自治地方颁发的 3 种形式。

一般地区的居民身份证：正面环状花纹图案为绿色，网状花纹图案和团状花纹图案为红色；背面网状花纹图案为浅绿色。

民族自治地方颁发的居民身份证：证件背面的 5 个登记项目内容和签发机关印章，同时使用汉字和相应的少数民族文字印刷。证件"出生年月日"的登记项目改为"出生日期"。

对加入中国国籍的外国人，如本人的民族名称与我国民族名称不同，本人是什么民族就填写什么民族。但在民族名称后应加上"入籍"二字，如"民族：乌克兰（入籍）"。

经济特区颁发的居民身份证：证件正面主体颜色为海蓝色，背面为浅蓝色。

（3）临时身份证的正面为蓝色的长城烽火台、群山和网状图案，背面印有黄色的网状图案。

读书笔记

5. 第二代居民身份证的式样

（1）第二代居民身份证的式样（图5-3）。第二代居民身份证采用专用非接触式集成电路芯片制成卡式证件，其规格为85.6 mm×54 mm×1.0 mm（长×宽×厚）。以"万里长城"为背影图案的主标志物，代表中华人民共和国长治久安；远山的背景增强了长城图案的纵深感，图案以点线构成；国徽庄严醒目，配以"中华人民共和国居民身份证"名称，明确表达了主题。证件清新、淡雅、淳朴、大方。

证件正面印有：中华人民共和国居民身份证的证件名称，采用彩虹扭索花纹（也称底纹），颜色从浅蓝色至浅粉红色再至浅蓝色的顺序排列，颜色衔接处相互融合，自然过渡。"国徽"图案在证件正面左上方突出位置，颜色为红色；证件名称分两行排列于"国徽"图案右侧证件上方位置；以点画线构成的浅蓝灰色写意"长城"图案位于国徽和证件名称下方证件版面中心偏下位置。有效期限和签发机关两个项目位于证件下方。

证件背面印有：与正面相同的彩虹扭索花纹，颜色与正面相同；姓名、性别、民族、出生日期、常住户口所在地住址、居民身份证号码和本人相片7个项目及持证人相关信息；定向光变色的"长城"图案位于性别项目的位置，光变光存储的"中国CHINA"字符位于相片与居民身份证号码项目之间的位置。

证件文字采用汉字与少数民族文字。根据少数民族文字书写特点，采用少数民族文字的证件有两种排版格式：一种是同时使用汉字和蒙文的证件，蒙文在前，汉字在后；另一种是同时使用汉字和其他少数民族文字（如藏、壮、维、朝鲜文等）的排版格式，少数民族文字在上，汉字在下。

图5-3　第二代居民身份证

（2）第二代居民身份证的登记内容。第二代居民身份证具备视读与机读两种功能。视读、机读的内容共有9项：姓名、性别、民族、出生日期、常住户口所在地住址、居民身份证号码、本人相片、证件的有效期限和签发机关。

（3）有关使用和查验第二代身份证的规定。公民从事有关活动，需要证明身份的，有权使用居民身份证证明身份，有关单位及其工作人员不得拒绝。有下列情形之一的，公民应当出示居民身份证证明身份：

1）常住户口登记项目变更。

2）兵役登记。

3）婚姻登记、收养登记。

4）申请办理出境手续。

5）法律、行政法规规定需要用居民身份证证明身份的其他情形。

依照《中华人民共和国居民身份证法》规定未取得居民身份证的公民，从事以上规定的有关活动，可以使用符合国家规定的其他证明方式证明身份。

人民警察依法执行职务，遇有下列情形之一的，经出示执法证件，可以查验居民身份证：

1）对有违法犯罪嫌疑的人员，需要查明身份的。

2）依法实施现场管制时，需要查明现场有关人员身份的。

3）发生严重危害社会治安突发事件时，需要查明现场有关人员身份的。

4）法律规定需要查明身份的其他情形。

对上述所列情形之一，拒绝人民警察查验居民身份证的，依照有关法律规定，分别不同情形，采取措施予以处理。

任何组织或者个人，不得扣押居民身份证。但是，公安机关依照《中华人民共和国刑事诉讼法》执行监视居住强制措施的情形除外。

公民在使用居民身份证时，有下列情况的，由公安机关处200元以上1 000元以下罚款，或者处10天以下拘留，有违法所得的，没收违法所得。

1）冒用他人居民身份证或者使用骗领的居民身份证的。

2）购买、出售、使用伪造、变造的居民身份证的。

三、护照的种类

中国护照：外交护照（封皮红色）、公务护照（封皮墨绿色）、因公普通护照（封皮深棕色）、因私普通护照（封皮红棕色）。

外国护照：外交护照、公务护照、普通护照等。

四、其他有效乘机证件的式样

（1）中国人民解放军军官证：外观为红色人造革外套，封面正上方印有烫金的五角星，五角星下方为"中国人民解放军军官证"烫金字样，最下方印有"中华人民共和国中央军事委员会"字样。

军官证内芯内容分别为相片、编号、发证机关、发证时间、姓名、出生年月、性别、籍贯、民族、部别、职务、军衔等内容。

（2）中国人民武装警察部队警官证：外观为深蓝色人造革外套。证件上方正中为烫金的警徽，警徽下方为烫金的"中国人民武装警察部队警官证"字样，最下方是烫金的"中国人民武装警察部队"字样。

警官证内芯内容除增加了"有效期"和改"军衔"为"衔级"外，其他内容和填写要求等都与军官证相同。

（3）中国人民解放军士兵证：士兵证外套为油绿色人造革，证件上方正中为烫金五角星，在五角星下方有烫金的"中国人民解放军士兵证"字样，最下方为烫金的"中华人民共和国中央军事委员会"字样。

证件内芯填写持证人姓名、性别、民族、籍贯、入伍年月、年龄、部别、职务、军衔、发证机关、发证日期及证件编号（一律用阿拉伯数字填写），贴持证人近期着军衔服装的一寸正面免冠照片，加盖团以上单位代号钢印。

（4）中国人民武装警察部队士兵证：外套为红色人造革，证件中央正上方为烫金的警徽，警徽下方为烫金的"士兵证"字样，最下方为烫金的"中国人民武装警察部队"字样。其内芯各登记项目与解放军的士兵证的内容相同。

（5）中国人民解放军文职干部证：文职干部证外套封面为红色人造革，正上方为烫金的五角星，下方为烫金的"中国人民解放军文职干部证"字样，最下方为烫金的"中华人民共和国中央军事委员会"字样。

文职干部证内芯的登记项目为照片、编号、发证时间、姓名、出生年月、性别、籍贯、民族、部别、职务、备注等内容。

（6）军队离休干部证：外观为红色人造革封面，正中上方为烫金的"中国人民解放军离休干部荣誉证"字样，下方为烫金的五角星，最下方有烫金的"中华人民共和国中央军事委员会"字样。

证件内芯登记项目和内容分别为照片、编号、发证日期、姓名、性别、民族、籍贯、出生年月、入伍（参加革命工作）时间、原部职别、离休时军衔、专业技术等级、现职级待遇、批准离休单位、批准离休时间、安置单位等。

（7）军官退休证：外观为红色人造革，上方正中为烫金的"中国人民解放军军官退休证"字样，下方为烫金的五角星，最下方为烫金的"中华人民共和国中央军事委员会"字样。

证件内芯的登记项目分别为照片、编号、发证日期、姓名、性别、民族、出生年月、籍贯、参加工作时间、入伍时间、原部职别、原军衔、专业技术等级、批准退休单位、批准退休时间、安置单位等项目。

（8）中国人民解放军职工工作证：封面为红色人造革，正上方有烫金的五角星，下方为烫金的"职工工作证"字样。

职工证内芯登记项目分别为照片、编号、发证机关、发证时间、姓名、籍贯、性别、出生年月、民族、工作单位、职务、职工证号等。

（9）军队学员证：解放军学员证和武警学员证分别为在校学习的解放军院校和武装部队院校学员的身份证件。外表规格式样不尽相同，但其证件的内容、登记项目应具备的要素包括照片、发证机关、编号、发证时间、学年、姓名、性别、民族、籍贯、出生年月、队别、专业。除此之外，还分别有各学年和各学期的登记，并有假期火车票优惠区间等登记项目，证件最后一页为备注栏。

第三节　证件检查的程序及方法

一、证件检查的程序

（1）人、证对照。验证检查员接证件时，就要注意观察持证人的"五官"特征，再看证件上的照片与持证人"五官"是否相符。

（2）核对"三证"。一是核对证件上的姓名与机票上的姓名是否一致；二是核对机票是否有效，有无涂改痕迹（电子机票无须核对此项）；三是核对登机牌所注航班是否与机票一致；四是查看证件是否有效。

（3）扫描旅客的登机牌。自动采集并存储旅客相关信息，同时查对持

读书笔记

证人是否为查控对象。

（4）查验无误后，按规定在登机牌上加盖验讫章放行。

二、证件检查的方法

查验证件时应采取检查、观察和询问相结合的方法，具体为一看、二对、三问。

（1）看：就是对证件进行检查，要注意甄别证件的真伪，认真查验证件的外观式样、规格、塑封、暗记、照片、印章、颜色、字体、印刷以及编号、有效期限等主要识别特征是否与规定相符，有无变造、伪造的疑点。对二代居民身份证件检查时，要注意证件直观和数字防伪等主要特征进行辨别，也可利用专业证件阅读器进行扫描，辨别真伪，注意查验证件有效期是否过期失效。

（2）对：就是观察辨别持证人与证件照片的性别、年龄、相貌特征是否吻合，有无疑点。

（3）问：就是对有疑点的证件，通过简单询问其"姓名、年龄、出生日期、生肖、单位、住址"等，进一步加以核实。

三、机场控制区证件的检查方法

情景展示：证件检查

查验控制区通行证件，以民用航空主管部门及本机场有关文件为准。

全国各机场使用的机场控制区证件代码有所不同，主要用以下几种方式表示不同的区域：

（1）用英文字母（A、B、C、D等）表示允许持证人通过（到达）的区域。

（2）用阿拉伯数字（1、2、3、4等）表示允许持证人通过（到达）的区域。

（3）用中文直接描述允许持证人通过（到达）的区域（如机场控制区、机场隔离区、停机坪等）。

进入机场控制区证件检查的一般方法：

1）看证件外观式样、规格、塑封、印刷、照片是否与规定相符，是否有效。

2）检查持证人与证件照片是否一致，确定是否持证人本人。

3）看持证人到达的区域是否与证件限定的范围相符。

4）如有可疑，可向证件所注的使用单位或持证人本人核问清楚。

1. 对工作人员证件的查验

（1）检查证件外观式样、规格、塑封、印刷、照片是否完好、正常，证件是否有效；检查持证人与证件上的照片是否一致；检查持证人证件的适用区域。

（2）检查完毕，将证件交还持证人。经查验后符合的放行，不符合的拒绝进入。

2. 对机组人员的查验

（1）对机组人员需查验空勤登机证，做到人证对应。

（2）对加入机组的人员应查验其中国民航公务乘机通行证（加入机组证明信）、有效身份证件或工作证件（或学员证）。

3. 对一次性证件的查验

当持证人进入控制区相关区域时，验证员应查验其所持一次性证件的通行区域权限和日期。具体办法按各机场有关规定执行。

四、机场控制区通行证件的使用范围

机场控制区通行证件一般分为人员证件和车辆通行证件。人员证件分为全民航统一制作的人员证件、各机场制作的人员证件及其他通行证件。

全民航统一制作的人员证件包括空勤登机证、航空安全员执照、公务乘机通行证。

空勤登机证、航空安全员执照适用全国各民用机场控制区（含军民合用机场的民用部分），登机时，只允许登本航空公司的飞机。注有"民航"两字的适用各航空公司的飞机。

公务乘机通行证只限在证件"前往地"栏内填写的机场适用。

民航工作人员通行证是发给民航内部工作人员因工作需要进出某些控制区域的通行凭证，其使用范围一般在证件上有注明。

车辆通行证由机场公安机关根据其任务确定其使用区域。

五、第一代居民身份证的有效期和编号规则

1. 第一代居民身份证的有效期

证件有效期限，按申领人的年龄确定为 10 年、20 年和长期 3 个档次。16 周岁至 25 周岁的人申领的证件有效期限为 10 年；26 周岁至 45 周岁的人申领的证件有效期限为 20 年；46 周岁以上的人申领的证件有效期限为

读书笔记

长期。证件有效期限从签发之日起开始计算。1984 年至 1991 年是全国集中发证期,大部分省、自治区、直辖市签发的日期为 6 月 30 日或 12 月 31 日。集中发证工作结束以后,制发的证件应随时申领随时签发。查验或核查时,应对照检查证件有效期限与持证人的年龄、签发日期三者的关系。

2. 第一代居民身份证的编号编排规则

(1) 15 位编码的第一代居民身份证:第 1~6 位为行政区划代码,行政区划代码只表示公民第一次申领居民身份证时的常住户口所在地。第 7~12 位为出生日期代码,其中,第 7~8 位代表年份(省略年份前面两位数),第 9~10 位代表月份(月份为个位数的前面加 0),第 11~12 位代表日期(日期为个位数前面加 0)。核查时,应注意核对持证人的出生日期与出生日期码的填写是否一致。第 13~15 位为分配顺序代码,奇数分配给男性,偶数分配给女性。查验或核查时,应注意核对持证人证件编号和性别的对应关系是否符合男女性的分配顺序码分别为奇偶数的规律。分配顺序码中"999、998、997、996"四个顺序号分别为男女百岁以上老人专用的特定编码。居民身份证编号为持证人终生号码,临时身份证编号与居民身份证编号要一致。

(2) 新的一代居民身份证使用 18 位数字编码,第 7~14 位数字为出生日期代码,在分配顺序码后加 1 位识别码,其他与 15 位编码身份证相同。

六、临时身份证、身份证明的要素

临时身份证的正面印有蓝色的长城烽火台、群山和网纹图案;背面印有黄色的网状图案,并在右上角粘贴印有天安门广场图案的全息胶片标志。矩形全息胶片标志的规格约为 12 mm×9 mm,由拱形环绕的天安门广场、五星和射线组成。图案呈多种光谱色彩,全息胶片标志粘贴在证卡背面右上角,分别距离证卡上边和右边为 3 mm。

临时身份证明,应贴有本人近期相片,写明姓名、性别、年龄、工作单位(住址)、有效日期,并在相片下方加盖骑缝章。

七、第二代居民身份证的一般识别方法

针对第二代居民身份证采用的直观和数字防伪措施,有关部门或个人在对居民身份证进行查验或核查时,可以采用以下 7 种方法:

(1) 核对相片。判别证件照片与持证人的一致性。

（2）彩虹印刷。居民身份证底纹采用彩虹、精细、微缩印刷方式制作，颜色衔接处相互融合，自然过渡，颜色变化部分没有接口。

（3）查看底纹中微缩文字字符串。使用放大镜（10倍及以上）观测。

（4）使用紫外灯光观测荧光印刷的"长城"图案。

（5）查看定向光变色的"长城"图案。在自然光条件下，垂直观察看不到图案。只有和法线（垂直于图案平面的直线）成较大夹角时，方能看到；在正常位置观察，图案反射光颜色为橘红色；当图案绕法线方向顺时针或逆时针旋转30°～50°时，图案反射光颜色为绿色；当旋转70°～90°时，图案反射光颜色为紫色。

（6）查看光变光存储"中国CHINA"字符。可观测到"中国CHINA"字样，字符串周围有渐变花纹，外观呈椭圆形。

（7）通过专业证件阅读器读取存储在证件芯片内的机读信息，并进行解密运算处理后，自动判别其真伪。若读取的信息是合法写入的，则专业证件阅读器显示（或送出）所读取的信息；若读取的信息是非法写入或被篡改，则专业证件阅读器只显示（或只送出）信息有误的提示。

延伸阅读一

验证检查的注意事项如下：

（1）检查中要注意看证件上的有关项目是否有涂改的痕迹。

（2）检查中要注意发现冒名顶替的情况，注意观察持证人的外貌特征是否与证件上的照片相符。发现有可疑情况，应对持证人仔细查问。

（3）查验证件时要注意方法，做到自然大方、态度和蔼、语言得体，以免引起旅客反感。

（4）注意观察旅客穿戴有无异常，如戴墨镜、戴围巾、戴口罩、戴帽子等有伪装嫌疑的穿着，应让其摘下，以便于准确核对。

（5）应注意工作秩序，集中精力，防止漏验证件或漏盖验讫章。

（6）验证中要注意发现通缉、查控对象。

（7）验证中发现疑点时，要慎重处理，及时报告。

（8）根据机场流量、工作标准及验证、前传、引导、人身检查岗位的要求适时验放旅客。

读书笔记

第四节　证件检查的特殊情况处置

在证件检查过程中，安检人员应有效识别涂改、伪造、变造、破损证件及冒名顶替证件，并了解证件检查中的注意事项。

一、中国大陆地区居民有效乘机身份证件

1. 居民身份证

中国大陆地区居民现行有效的第二代居民身份证，是由多层聚酯材料聚合而成，内嵌非接触式集成电路芯片的单页卡式证件，规格为 85.6 mm×54 mm×1.0 mm（长×宽×厚）。具备视读与机读两种功能。

（1）居民身份证式样。居民身份证正面式样如图 5-4 所示。

图 5-4　居民身份证正面式样

1）证件名称："中华人民共和国居民身份证"证件名称字样，分两行排列于版面右上方位置。

2）底纹：彩虹扭索底纹，颜色从浅蓝色至浅粉色再至浅蓝色的顺序排列。

3）"国徽"图案：颜色为红色，位于证件版面左上方位置。

4）"长城"图案：点划线构成的浅蓝灰色写意"长城"图案，位于国徽和证件名称下方。

5）登记项目："签发机关"和"有效期限"两个登记项目，位于证件下方。

居民身份证背面式样如图 5-5 所示。

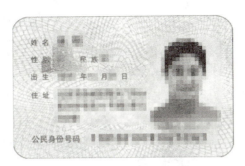

图 5-5　居民身份证背面式样

1)底纹：彩虹扭索底纹，颜色从浅蓝色至浅粉色再至浅蓝色的顺序排列。

2)"长城"图案：定向光变色的"长城"图案，位于性别项目的位置。

3)"中国 CHINA"字符：光变光存储的"中国 CHINA"字符，位于本人相片与公民身份号码项目之间的位置。

4)登记项目：登记有持证人"姓名""性别""民族""出生日期""常住户口所在地住址""公民身份号码"和"本人相片（彩色）"7个登记项目及持证人相关信息。

（2）公民身份号码编排规则。第二代居民身份证的公民身份号码为18位编码。1～6位为行政区划代码，代表公民第一次申领居民身份证时常住户口所在地；7～14位为出生日期代码，其中第7～10位代表年份，第11、12位代表月份（月份为个位数的前面加0），第13、14位代表日期（日期为个位数前面加0）；15～17位为分配顺序代码，分配顺序代码的最后一位代表性别，奇数分配给男性，偶数分配给女性；第18位为识别码（校验码），用以校对前17位数字编排是否正确，识别码取值为0～10，其中数字10用罗马数字 X 代替。

（3）居民身份证的有效期限。第二代居民身份证由居民常住户口所在地的县级人民政府公安机关签发。按申领人年龄的不同，证件有效期限分为5年、10年、20年和长期四种。十六周岁以下的公民，自愿申领的证件有效期限为5年；十六周岁至二十五周岁的公民申领的证件有效期限为10年；二十六周岁至四十五周岁的公民申领的证件有效期限为20年；四十六周岁以上的公民申领的证件有效期限为长期。证件的有效期限自签发之日起开始计算。

（4）登记项目填写文字方式。民族自治地方的自治机关根据本地区的实际情况，对居民身份证用汉字登记的内容，可以决定同时使用实行区域自治的民族的文字或者选用一种当地通用的文字。采用汉字与少数民族文

读书笔记

字同时填写的居民身份证，根据少数民族文字的书写特点，有两种排版格式：一种是同时使用汉字和蒙文的证件，蒙文在前，汉字在后；另一种是同时使用汉字和其他少数民族文字（藏文、壮文、彝文、维吾尔文、朝鲜文）的证件，少数民族文字在上，汉字在下（图5-6）。

图5-6　登记项目填写文字方式

（5）居民身份证防伪措施。

1）彩虹扭索底纹。采用彩虹、精细、微缩印刷方式制作，颜色衔接处相互融合，自然过渡，颜色变化部分没有接口。

2）缩微字符和图形。底纹中有由"JMSFZ"（"居民身份证"汉语拼音字头）组成的缩微字符串。证件背面彩虹扭索底纹中央有缩微字符"JMSFZ"；长城主烽火台通道台阶和内侧山坡上有由"WLCC"（"万里长城"汉语拼音字头）组成的缩微字符串；长城图案烽火台与左侧烽火台之间的城墙边缘上有由"ZHRMGHGJMSFZ"（"中华人民共和国居民身份证"汉语拼音字头）组成的缩微字符串；长城图案主烽火台顶部边缘有卷花花边。使用放大镜更易观察。

3）荧光印刷。证件正面的浅蓝灰色写意"长城"图案采用荧光印刷，在紫外线灯照射下，呈绿色。

4）定向光变色。证件背面性别项目位置的"长城"图案采用定向光变色膜，垂直观察看不到，适当上下倾斜证件，从不同方向观察能看到不同的颜色。

5）光变光存储。证件背面相片下方的"中国CHINA"字符采用光变光存储膜，垂直观察看不到，适当上下倾斜证件，可以观察到"中国CHINA"字样，字符周围有花纹环绕，外沿呈椭圆形，改变观察角度可以看到亮字暗底和亮底暗字的正负镶嵌效果。

2. 临时居民身份证件

中国大陆地区居民现行有效的第二代临时居民身份证，是由聚酯薄膜密封的单页卡式证件，内部不含芯片，规格为85.6 mm×54 mm（长×宽）。

（1）临时居民身份证式样。临时居民身份证正面式样如图5-7所示。

图5-7　临时居民身份证正面式样

1）证件名称："中华人民共和国临时居民身份证"证件名称字样，分两行排列于版面中间偏上的位置。

2）底纹：彩虹扭索底纹（横向波浪），颜色从浅绿色至浅黄色再至浅绿色的顺序排列。

3）"长城"图案：褐色的写意"长城"图案，位于证件名称下方。

临时居民身份证背面式样如图5-8所示。

图5-8　临时居民身份证背面式样

1）底纹：彩虹扭索底纹（横向波浪），颜色从浅绿色至浅黄色再至浅绿色的顺序排列。

2）"天安门城楼"图案：变色油墨印刷的"天安门城楼"图案，位于

"本人相片"项目下方。

3)登记项目:登记有持证人"姓名""性别""民族""出生日期""常住户口所在地住址""公民身份号码"和"本人相片(黑白)""有效期限""签发机关"9个登记项目及持证人相关信息。

(2)临时居民身份证的有效期限。临时居民身份证有效期限为3个月,自签发之日起开始计算。

(3)临时居民身份证的防伪措施。

1)彩虹扭索底纹。采用彩虹、精细、微缩印刷方式制作,颜色衔接处相互融合,自然过渡,颜色变化部分没有接口。

2)缩微字符和图形。底纹中有由"LSJMSFZ"("临时居民身份证"汉语拼音字头)组成的缩微字符,证件正面主烽火台左侧的一段城墙处有由"ZHRMGHGLSJMSFZ"("中华人民共和国临时居民身份证"汉语拼音字头)组成的缩微字符。使用放大镜更易观察。

3)双色套印。证件正面的褐色"长城"图案采用双色套印,在紫外线灯照射下呈绿色。

4)荧光印刷。证件正面的褐色"长城"图案下方,采用无色荧光油墨印刷的11位数字组成证卡管理号,自然光线下观察不到此号码,在紫外灯下号码呈蓝色。

5)光变油墨印刷。证件背面本人相片下方的"天安门城楼"图案,采用光变油墨印刷,从不同角度观察呈铜红色和绿色。

二、涂改证件的识别

在检查中要注意查看证件上的姓名、性别、年龄、签发日期等项目是否有涂改痕迹。涂改过的证件笔画粗糙、字迹不清,涂改处及周围的纸张因为经过处理可能变薄或留下污损的痕迹。只要仔细观察,涂改证件通常可以用肉眼进行分辨。

三、伪造、变造证件的识别

检查中要注意甄别证件的真伪,认真检查证件的外观式样、规格、塑封、印刷和照片等主要识别特征是否与规定相符,有无变造、伪造的疑点。

真证规格统一,图案与暗记齐全、清晰;假证规格不一,手感较差,图案模糊不清,暗记不清、不全。

真证内芯纸质优质，字迹规范，文字与纸张一体；假证内芯纸张质地粗糙，笔画粗糙，字迹不清、排列不齐，文字凸现纸上。

真证印章边缘线宽窄一致，图案清晰，印章中字体大小一致、均匀规范，印油颜色深入纸张；而假证印章的边缘线宽窄不一，图案模糊，印章中字体大小不一、粗细不一，印油颜色不均匀、发散。

揭换过照片的证件，照片边缘有明显粘贴痕迹，薄厚不均。因为揭撕原照片时，很容易把照片底部表层纸撕去一部分，造成薄厚不均的现象，用透光检查很容易看到。

在紫光灯下，真的居民身份证的印章显示红色荧光，而伪假证件可能无荧光出现。

四、冒名顶替证件的识别

要先看人后看证，注意观察持证人的外貌特征是否与证件上的照片相符，主要观察其五官的轮廓、分布，如耳朵的轮廓、大小，眼睛的距离和大小形状，嘴唇的厚薄和形状，以及面型轮廓（主要是颧骨及下颌骨的轮廓等）。发现有可疑情况，应对持证人仔细查问，弄清情况。

延伸阅读二

在控人员的查缉与控制

查控工作是一项政策性较强的工作，是通过公开的检查形式，发现、查缉、控制恐怖分子、预谋劫机分子、刑事犯罪和经济犯罪分子、走私贩毒和其他犯罪分子的一种手段。因此，在工作中要认真对待，不能疏忽。

检查中发现查控对象时，应根据不同的查控要求，采取不同的处理方法。

发现通缉的犯罪嫌疑人时，要沉着冷静、不露声色，待其进入安检区后，按预定方案处置，同时报告值班领导，尽快与布控单位取得联系。将嫌疑人移交布控单位时，要做好登记。填写移交清单并双方签字。对同名同姓的旅客在没有十分把握的情况下交公安机关处理。

读书笔记

相关知识

接控的程序和方法如下：

（1）公安、安全部门要求查控时应通过机场公安机关，安检部门不直接接控。

（2）接控时，应查验《查控对象通知单》等有效文书，查控通知应具备以下内容和要素：布控手续齐全，查控对象的姓名、性别、所持证件编号、查控的期限和要求、联系单位、联系人及电话号码。

（3）接控后要及时安排布控措施。

（4）如遇特殊、紧急、重大的布控而来不及到民航公安机关办理手续时，安检部门在查验有效手续齐全的情况下可先布控，但应要求布控单位补办民航公安机关的手续。

（5）验证员应熟记在控人员名单和主要特征。

（6）对各类查控对象的查控时间应有明确规定。安检部门要定期对布控通知进行整理，对已超过时限的或已撤控的进行清理。

第五节　人身检查的程序及方法

一、人身检查的定义

采用公开的仪器和手工相结合的方式，对旅客人身进行安全技术检查，其目的是发现旅客身上藏匿的危险品、违禁品及限制物品，保障民用航空器及其所载人员的生命、财产的安全。

二、人身检查的重点对象

（1）精神恐慌、言行可疑、伪装镇静者。

（2）冒充熟人、假献殷勤、接受检查过于热情者。

情景展示：人身检查

（3）表现不耐烦、催促检查或者言行蛮横、不愿接受检查者。

（4）窥视检查现场、探听安全检查情况等行为异常者。

（5）本次航班已开始登机、匆忙赶到安检现场者。

（6）公安部门、安全检查站掌握的嫌疑人和群众提供的有可疑言行的旅客。

（7）上级或有关部门通报的来自恐怖活动频繁的国家和地区的人员。

（8）着装与其身份不相符或不合时令者。

（9）男性青、壮年旅客。

（10）根据空防安全形势需要有必要采取特别安全措施航线的旅客。

（11）有国家保卫对象乘坐的航班的其他旅客。

（12）检查中发现的其他可疑问题者。

三、人身检查的重点部位

头部、肩胛、胸部、手部（手腕）、臀部、腋下、裆部、腰部、腹部、脚部。

四、人身检查的基本程序

由上到下，由里到外，由前到后。

五、人身检查的方法

对旅客进行人身检查有两种方法：仪器检查和手工检查。在现场工作中通常可采用仪器检查与手工检查相结合的方法进行检查。

仪器检查是指安检人员按规定的方法对旅客进行金属探测门检查或手持金属探测器等检查，以发现危险品、违禁品及限制物品。

延伸阅读三

移位人身检查法的具体操作程序

1. 移位人身检查法的定义

移位人身检查法是指现场工作中，旅客在接受人身检查时，

人身检查员按规定方法主动完成从前到后的人身检查程序，从而使旅客避免转身的不便，并且始终能面对自己行李物品的人身检查方法。

移位人身检查法是一种从考虑尊重旅客、方便旅客角度出发的人身检查方法。

2. 移位人身检查法的程序

（1）人身检查员面对或侧对金属探测门站立、注意观察金属探测门报警情况及动态，确定人身检查对象。

（2）当旅客通过金属探测门报警或为重点检查对象时，人身检查员指引旅客到指定位置接受人身检查。

（3）人身检查员请旅客面对行李物品方向站立，提醒旅客照看好自己的行李物品，并从旅客正面开始实施人身检查。

检查程序如下：

旅客前衣领→右肩→右大臂外侧→右手→右大臂内侧→腋下→右前胸→右上身外侧→腰、腹部→左肩→左大臂外侧→左手→左大臂内侧→腋下→左前胸→左上身外侧→腰、腹部→右膝部内侧→裆部→左膝部内侧。

（4）人身检查员在完成旅客前半身的人身检查程序后，主动转至旅客身后，从旅客背面实施人身检查。

检查程序如下：

旅客头部→后衣领→背部→后腰部→臀部→左大腿外侧→左小腿外侧→左脚→左小腿内侧→右小腿内侧→右脚→右小腿外侧→右大腿外侧。

（5）当人身检查员检查到旅客脚部有异常时，或鞋子较厚、较大时，应让旅客坐在椅子上，请其脱鞋，采用手持金属探测器与手相结合的方法对其脚踝进行检查，同时将旅客的鞋过X射线机进行检查。

（6）检查完毕后，提醒旅客拿好自己的行李物品，并回到原检查位置进入待检状态。

第六节　设备人身检查的具体实施

人身检查的设备有金属探测门和手持金属探测器。人身检查的工作人员必须掌握其工作原理及性能特点，了解影响金属探测门和手持金属探测器探测的因素并掌握它们的测试方法。

一、金属探测门

（一）通过式金属探测门的试运行

（1）当一种型号的金属探测门在机场首次安装或改变位置后，操作员都必须重新进行调试。

（2）金属探测门应调节至适当的灵敏度，但不能低于最低安全设置要求。

（3）安装金属探测门时应避免可能影响其灵敏度的各种干扰。

（4）测试时将测试器件分别放置在人体的右腋窝、右臀部、后腰中部、右踝内侧等部位，通过金属探测门进行测试。实施测试的人员在测试时不应该携带其他金属物品。

（二）通过式金属探测门的例行测试

（1）金属探测门如果连续使用（从未关闭过），应至少每天测试一次；在接通电源后和对旅客进行检查前，都应进行测试。

（2）如果金属探测门的灵敏度与以前的测试相比有所下降，就应调高其灵敏度。

（三）金属探测门应有视觉警报和声音警报功能

1. 视觉警报

金属探测门应配备视觉警报显示装置，按通过的金属比例给出一个条形的视觉警报，无论环境光线情况如何，至少可以从 5 m 外清晰地观察到，信号低于报警限界值时显示绿色，高于限界时显示红色。

读书笔记

2. 声音警报

金属探测门应配有声音报警信号调节装置,可以调节持续时间、音调和音量。在距离门体 1 m 远、1.6 m 高的地方测量警报的强度,至少可以从 80 dB(A)调节到 90 dB(A)。

(四)金属探测门的工作原理

金属探测门的工作原理是设备发生的一连串的脉冲信号产生一个时变磁场。该磁场对探测区中的导体产生涡电流,涡电流产生的次级磁场在接受线圈中产生电压,并通过处理电路辨别是否报警。

(五)金属探测门的性能特点

金属探测门具有独特的性能,符合主要安全标准和客户安全标准。它通过感应寄生电流及均化磁场的数字信号处理方式而获得很高的分辨率,但发射磁场厚度很低,对心脏起搏器佩戴者、体弱者、孕妇,磁性媒质和其他电子装置无害。

(六)影响金属探测门探测的因素

(1)金属探测门本身的因素:探测场的场强、探测方法(连续场与脉冲场)、工作频率和探测程序是影响探测的最重要因素。

(2)探测物的因素:探测物的质量、形状、金属种类或合金成分以及探测场的方向。

(3)测试者的因素:测试者的人体特征、测试者通过金属探测器的速率及测试物在测试者身上部位的不同都会对探测结果带来影响。

(4)周围环境的因素:使用环境中存在的一些金属物品、温度、湿度和周围电磁场的变化会影响探测器的功能。

二、手持金属探测器

(一)手持金属探测器的工作原理

正常时,手持金属探测器产生恒定频率磁场,灵敏度调至频率哑点(中心频率)。当探测器接近金属物品时,磁场受干扰发生变化,频率漂移,灵敏度变化,发出报警信号;探测器离开金属物品,灵敏度恢复恒定频率,此时小喇叭无声响(哑点)。

（二）手持金属探测器的使用和保管

（1）手持金属探测器属小型电子仪器，使用时应轻拿轻放，以免损坏仪器。

（2）手持金属探测器应由专人保管，注意防潮、防热。

（3）手持金属探测器应使用微湿柔软的布进行清洁。

（三）手持金属探测器各部位说明（以 PD140 为例）

（1）visual alarm indicator1 可视报警指示灯 1。

（2）visual alarm indicator2 可视报警指示灯 2。

（3）power indicator 电源开关指示器。

（4）sensitivity adjustment 敏感性调节按钮。

（5）on/off switch 打开／关闭开关。

（6）audible alarm 有声报警器。

（7）battery compartment cap 电池盒盖。

（8）sensitive detection area 敏感探测区域。

（9）audible alarm ear-piece socket 无声报警器。

三、设备人身检查方法及程序

（一）使用金属探测门进行人身检查的方法

所有乘机旅客都必须通过安全门检查（政府规定的免检者除外）。旅客通过安全门之前，引导检查员应首先提醒其取出身上的随身物品（包括香烟、钥匙、打火机、火柴等），然后引导旅客按次序逐个通过安全门（要注意掌握旅客流量）。如发生报警，应使用手持金属探测器或手工人身检查的方法进行复查，彻底排除疑点后才能放行。对未报警的旅客，可使用手持金属探测器或手工人身检查的方法进行抽查。

对旅客放入衣物筐中的物品，应通过 X 射线机进行检查，如不便进行 X 射线机检查的物品要注意采用摸、掂、试等方法检查是否藏匿违禁物品。

（二）使用手持金属探测器进行人身检查的方法

手持金属探测器检查是通过金属探测器和手相结合的方法按规定程序对旅客人身实施检查。检查时，金属探测器所到之处，人身检查员应用另一只手配合摸、按、压的动作进行。如果手持金属探测器报警，人身检

读书笔记

员应配合触摸报警部位进行复查，以判断报警物质性质，同时请旅客取出物品进行检查。旅客取出物品后，人身检查员应对该报警部位进行复查，确认无误后，方可进行下一步检查。

（三）使用手持金属探测器进行人身检查的程序

前衣领→右肩→右大臂外侧→右手→右大臂内侧→腋下→右前胸→右上身外侧→腰、腹部→左肩→左大臂外侧→左手→左大臂内侧→腋下→左前胸→左上身外侧→腰、腹部右膝部内侧→裆部→左膝部内侧。

头部→后衣领→背部→后腰部→臀部→左大腿外侧→左小腿外侧→左脚→左小腿内侧→右小腿内侧→右脚→右小腿外侧→右大腿外侧。

> **延伸阅读四**
>
> **PD140 金属探测器**
>
> 1. 安装（以下以 PD140 为例）
>
> PD140 金属探测器可由 9 V 干电池或 Varta TR7/8 型镍氢充电电池及相应类似产品供电。拧下手柄末端的盖，根据后盖上的极性指示插入电池，检查其安装正确与否，然后拧紧后盖，保证电池接触良好。
>
> 2. 开机
>
> 位置开关可向左或右拨动，这取决于使用哪种操作状态：向左只有报警指示，向右为报警和音响同时进行。
>
> 探测器打开时报警指示灯将闪烁几秒。
>
> 报警指示灯连续闪烁，此时应使探测面离开任何金属物品，直至上述灯熄灭。
>
> 电源指示灯以 1 s 间隔闪烁、表明电池已充电。
>
> 电源指示灯快速闪烁时，表明需要更换电池或给电池充电。
>
> 3. 灵敏度调节及操作指导
>
> PD140 金属探测器配备有灵敏度调节钮，有 3 挡（低、中、高）可供选择。若使用 PD140S 高灵敏度型号，调节钮为连续调节型，以确保精细校准。
>
> 一般情况下，灵敏度应设在中挡（MEDIUM），使用其他挡位取决于被测金属物体的尺寸和距离。PD140 金属探测器的敏感探

测区域位于装置的下部平面区内,测量面积为 60 mm×140 mm。

用探测器感应区域靠近探测区进行扫描,固定截取金属物的信号,也就是说在探测区内的金属物体的报警信号始终保持激活状态,该特点有助于目标物体的准确定位。

如需隐藏音响报警,可使用特殊耳机插入探测器手柄下的耳机孔,该孔位于报警蜂鸣器的对面;或将开关设置到"仅视觉报警"位置。

金属探测器连续不用超过 180 s,设备将自动切断。再开机时,先将开关拨到 OFF 的位置,然后接到相应的操作位置。

4. 电池充电

将 PDI40R 的手柄插入 BC140 充电器就可充电。

充电时探测器必须关闭。

打开充电器开关到 ON 位置,电源指示灯确认电源存在。完全充电所需时间为 16 h。

BC140 充电器可与其他类似设备串联使用。

第七节　手工人身检查的具体实施

读书笔记

一、手工人身检查基本知识

手工人身检查是更为细致全面的一项检查。因为安检设备、仪器在检查的时候容易出现遗漏、误报等,而手工人身检查可以有效弥补这一缺陷,但要掌握操作与注意事项。

(一) 手工人身检查的定义

手工人身检查是指人身检查员按规定的方法和程序对旅客身体采取摸、按、压等手工检查方法,以发现危险品、违禁品及限制物品。

(二) 从严检查的相关要求

对经过手工人身检查仍不能排除疑点的旅客,可带至安检室进行从严检查。

实施从严检查应报告安检部门值班领导批准后才能进行。从严检查必须由同性别的两名以上检查员实施。

从严检查应做好记录,并注意监视检查对象,防止其行凶、逃跑或毁灭罪证。

(三)手工人身检查的注意事项

(1)检查时,检查员双手要切实接触旅客身体和衣服,因为手掌面积大且触觉较敏锐,这样能及时发现藏匿的物品。

(2)不可只查上半身不查下半身,特别要注意检查重点部位。

(3)对旅客从身上掏出的物品,应仔细检查,防止夹带危险物品。

(4)检查过程中要不间断地观察旅客的表情,防止发生意外。

(5)对女性旅客实施检查时,必须由女检查员进行。

二、手工人身检查的程序

人身检查员面对旅客,先从前衣领开始,至双肩、前胸、腰部止;然后从后衣领起,至双臂外侧、内侧、腋下、背部、后腰、裆部、双腿内侧、外侧和脚部止。

冬季着装较多时,可请旅客解开外衣,对外衣也必须进行认真的检查。

(一)手工人身检查的方法

手工人身检查主要是顺旅客身体的自然形状,通过摸、按、压等方法,用手来感觉出藏匿的物品。按压是指在手不离开旅客的衣物或身体的情况下用适当的力量进行按压,以感觉出旅客身体或衣物内不相贴合、不自然的物品。对旅客取出物品的部位,应用手再进行复查,排除疑点后方可进行下一步检查。

手工人身检查一般应由同性别安检人员实施;对女旅客实施手工检查时,必须由女检查员进行。

教学示范:手工人身检查(一)

(二)引导程序

(1)引导检查员将衣物筐放于安全门一侧的工作台上并站立于安全门一侧,面对旅客进入通道的方向保持待检状态。

(2)当旅客进入检查通道时,引导检查员应提示并协助旅客将随身行

教学示范:手工人身检查(二)

李正确而有序地放置于 X 射线机传送带上，同时请旅客将随身物品及随身行李中的笔记本电脑、照相机等电器类取出放入衣物筐。若旅客穿着较厚重的外套，应请其将外套脱下，一并放入衣物筐接受 X 射线机检查。

（3）引导检查员应观察人身检查员的工作情况（当人身检查员正在对旅客进行检查时，应请待检旅客在安全门一侧等待），待人身检查员检查完毕，引导待检旅客有序通过安全门。引导检查员应合理控制过检速度，保证检查通道的畅通。

（4）对不宜经过 X 射线机检查的物品，引导检查员应通知开箱检查员对其进行手工开箱检查。

（5）对怀孕的、带有心脏起搏器的、坐轮椅的残疾或重病等不宜通过金属探测门检查的旅客，引导检查员应提醒人身检查员进行手工人身检查。

第八节 开箱（包）检查

一、开箱（包）检查的实施

（一）开箱（包）检查的程序

读书笔记

（1）观察外层。看它的外形，检查外部小口袋及有拉链的外夹层。

（2）检查内层和夹层。用于沿包的各个侧面上下摸查，将所有的夹层、底层和内层小口袋检查一遍。

（3）检查包内物品。按 X 射线机操作员所指的重点部位和物品进行检查；在没有具体目标的情况下应一件一件检查；已查和未查的物品要分开，放置要整齐有序；如包内有枪支等重大违禁物品，应先取出保管好，及时进行处理，然后细查其他物品，要对物主采取看护措施。

（4）善后处理。检查后如有问题应及时报告领导，或交公安机关处理。没有发现问题的应协助旅客将物品放回包内，对其合作表示感谢。

（二）开箱（包）检查的方法

一般是通过人的眼、耳、鼻、手等感官对箱（包）进行检查，根据不同的物品采取相应的检查方法。开箱（包）检查的常用方法主要有看、听、

读书笔记

摸、拆、掂、捏、嗅、探、摇、敲、开等。

(1) 看：对物品的外表进行观察，看是否有异常，包装袋是否有变动等。

(2) 听：对录音机、收音机等音响器材通过听的方法，判断其是否正常，此法也可以用于对被怀疑有定时爆炸装置的物品进行检查。

(3) 摸：直接用手的触觉来判断是否藏有异常或危险物品。

(4) 拆：对被怀疑的物品，拆开包装或外壳，检查其内部有无藏匿危险物品。

(5) 掂：对受检查的物品用手掂其质量，看其质量与正常的物品是否相符，从而确定是否进一步进行检查。

(6) 捏：主要用于软包装且体积较小的物品，如洗发液、香烟等物品的检查，靠手感来判断有无异常物。

(7) 嗅：对被怀疑的物品，主要是爆炸物、化工挥发性物品，通过鼻子的嗅闻，判断物品的性质。基本动作应注意使用"扇闻"的方法。

(8) 探：对被怀疑的物品，如花盆，盛有物品的坛、罐等，如无法透视，也不能用探测器检查，可用探针进行探查，判断有无异物。

(9) 摇：对被怀疑的物品，如用容器盛装的液体或佛像、香炉等中间可能是空心的物品，可以用摇晃的方法进行检查。

(10) 敲：对某些不易打开的物品，如拐杖、石膏等，用手敲击，听其发音是否正常。

(11) 开：通过开启、关闭开关，检查手机、传呼机等电器是否正常，防止其被改装为爆炸物。

以上方法不一定单独使用，常常是几种方法结合起来，以便更准确、快速地进行检查。

（三）开箱（包）检查操作

(1) 开箱（包）检查员站立在X射线机行李传送带出口处疏导箱包，避免受检箱包被挤、压、摔倒。

(2) 当有箱包需要开检时，X射线机操作员给开箱（包）检查员以语言提示。待物主到达前，开箱（包）检查员控制需开检的箱包；物主到达后，开箱（包）检查员请物主自行打开箱包，对箱包实施检查［如箱包内疑有枪支、爆炸物等危险品的特殊情况下需由开箱（包）检查员控制箱包，并做到人物分离］。

(3) 开包检查时，开启的箱包应侧对物主，使其能通视自己的物品。

情景展示：行李检查

（4）根据 X 射线机操作员的提示对箱包进行有针对性的检查。对已查和未查的物品要分开，放置要整齐有序。

1）检查箱（包）的外层时应注意检查其外部小口袋及有拉链的外夹层。

2）检查箱（包）的内层和夹层时应用手沿包的各个侧面上下摸查，将所有的夹层、底层和内层小口袋完整、认真地检查一遍。

（5）检查过程中，开箱（包）检查员应根据物品种类采取相应的方法（看、听、摸、拆、捏、掂、嗅、探、摇）进行检查。

（6）开箱（包）检查员将检查出的物品请 X 射线机操作员复核：

1）若属安全物品则交还旅客本人或将物品放回旅客箱包，协助旅客将箱包恢复原状。而后对箱包进行 X 射线机复检。

2）若为违禁品则交移交台处理。

（7）若受检人员申明携带的物品不宜接受公开开包检查时，开箱（包）检查员应交值班领导处理。

（8）遇有受检人员携带胶片、计算机软盘等不愿接受 X 射线机检查时，应进行手工检查。

（四）物品检查的范围

物品检查的范围主要包括 3 个方面：一是对旅客、进入隔离区的工作人员随身携带的物品的检查；二是对随机托运行李物品的检查；三是对航空货物和邮件的检查。

二、常见物品的检查方法

（一）仪器、仪表的检查方法

对仪器、仪表通常进行 X 射线机透视检查，如 X 射线机透视不清，又有怀疑，可用看、掂、探、拆等方法检查。看仪器、仪表的外表螺钉是否有动过的痕迹；对家用电表、水表等可掂其质量来判断；对特别怀疑的仪器、仪表可以拆开检查，看里面是否藏有违禁物品。

（二）各种容器的检查方法

对容器进行检查时，可取出容器内的东西，采取敲击、测量的方法，听其发出的声音，分辨有无夹层，并测出容器的外高与内深、外径与内径的比差是否相符。如不能取出里面的东西，则可采用探针检查方法或使用防爆探测仪进行安全检查。

读书笔记

(三）各种文物、工艺品的检查方法

对各种文物、工艺品一般采用摇晃、敲击、听等方法进行检查，摇晃或敲击时，听其有无杂音或异物晃动声。

(四）容器中液体的检查方法

对液体检查一般可采用看、摇、嗅及液态物品检测仪等方法进行。看容器、瓶子是否原始包装封口；摇液体有无泡沫（易燃液体经摇动一般产生泡沫且泡沫消失快）；嗅闻液体气味是否异常（酒的气味香浓，汽油、酒精、香蕉水的刺激性大），但要注意安全。

(五）骨灰盒等特殊物品的检查方法

对旅客携带的骨灰盒、神龛、神像等特殊物品，如X射线机检查发现有异常物品时，可征得旅客同意后再进行手工检查；在旅客不愿意通过X射线机检查时，可采用手工检查或使用防爆探测仪进行安全检查。

(六）衣物的检查方法

衣服的衣领、垫肩、袖口、兜部、裤腿等部位容易暗藏武器、管制刀具、爆炸物和其他违禁物品。因此，在安全检查中，对旅客行李物品箱（包）中的可疑衣物要用摸、捏、掂等方式进行检查。对冬装及皮衣、皮裤更要仔细检查，看是否有夹层，捏是否暗藏有异常物品，衣领处能暗藏一些软质的爆炸物品，掂质量是否正常。对衣物检查时应用手掌进行摸、按、压。因为手掌的接触面积大且敏感，容易查出藏匿在衣物内的危险品。

(七）皮带（女士束腰带）的检查

对皮带（女士束腰带）进行检查时，看边缘缝合处有无再加工的痕迹，摸带圈内是否有夹层。

(八）书籍的检查

书籍容易被人忽视，厚的书或者是捆绑在一起的书可能被挖空，暗藏武器、管制刀具、爆炸物和其他违禁物品。检查时，应将书打开翻阅检查，看书中是否有上述物品。

(九）笔的检查

查看笔的外观是否有异常；掂其质量是否与正常相符；按下开关或打

开查看是否改装成笔刀或笔枪。

（十）雨伞的检查

雨伞的结构很特殊，往往被劫机分子利用，在其伞骨、伞柄中藏匿武器、匕首等危险物品以混过安全检查。在检查中，可用捏、摸、掂直至打开的方法进行检查，要特别注意对折叠伞的检查。

（十一）手杖的检查

注意对手杖进行敲击，听其发声是否正常，认真查看是否被改成拐杖刀或拐杖枪。

（十二）玩具的检查

小朋友携带的玩具也有可能暗藏匕首、刀具和爆炸装置。对毛绒玩具检查时，通常要看其外观，用手摸查有无异物。对电动玩具检查时，可通电或打开电池开关进行检查。对有遥控设施的玩具检查时，看其表面是否有动过的痕迹，摇晃是否有不正常的声音，掂其质量是否正常，拆开遥控器检查电池，看是否暗藏危险品。

（十三）整条香烟的检查

整条香烟、烟盒和其他烟叶容器一般都是轻质物品，主要看其包装是否有被重新包装的痕迹和掂其质量（每条香烟质量约为 300 g）来判断，对有怀疑的要打开包装检查。

（十四）摄像机、照相机的检查

对一般类型的摄像机，可首先检查其外观是否正常，有无可疑部件，有无拆卸过的痕迹，重点检查带匣、电池盒（外置电源）、取景窗等部分是否正常，对有怀疑的可让旅客进行操作以查明情况。对较复杂的大型摄像机，可征得旅客的同意进行 X 射线机检查。如机内没有胶卷，可以询问旅客是否可以打开照相机；也可以掂其质量来判断，如机内装有爆炸物，其质量会不同于正常照相机。对有怀疑的照相机可以请旅客按快门试拍来判断。

（十五）收音机的检查

一般要打开电池盒盖，抽出接收天线，查看其是否藏匿有违禁物品。必要时，可打开外壳检查内部。

读书笔记

（十六）录音机（便携式 CD 机）等的检查

观察是否能够正常工作，必要时打开电池盒盖和带舱，查看是否藏有危险物品。

（十七）笔记本电脑的检查

检查外观有无异常，掂其质量是否正常；可请旅客将笔记本电脑启动，查看能否正常工作。对笔记本电脑的配套设备（鼠标、稳压器等）也要进行检查。

（十八）手机的检查

可用看、掂、开等方法对手机进行检查。看外观是否异常，掂其质量，如藏匿其他物品会有别于正常手机。通过打开电池盒盖和开启、关闭开关来辨别手机是否正常。

（十九）乐器的检查

乐器都有发声装置。对弦乐器可采用拨（按）、听、看的方法，听其能否正常发声。对管乐器材可请旅客现场演示。

（二十）口红、香水等化妆物品的检查

口红等化妆品易改成微型发射器，可通过掂其质量或打开进行检查。部分香水的外部结构在 X 射线机屏幕上所显示图像与微型发射器类似，在检查时观看瓶体说明并请旅客试用。

（二十一）粉末状物品的检查

粉末状物品性质不易确定，应取少量粉末状物品进行炸药探测仪的防爆检测，以确保该物品的安全。

（二十二）食品的检查

对罐、袋装食品的检查，掂其质量看是否与罐、袋体所标注质量相符。看其封口是否有被重新包装的痕迹。觉察该物可疑时，可请旅客自己品尝。

（二十三）小电器的检查

对如电吹风机、电动卷发器、电动剃须刀等小型电器可通过观察外观，开启电池盒盖，现场操作的方法进行检查。对于钟表要检查表盘的时

针、分针、秒针是否正常工作，拆开其电池盒盖查看是否被改装成钟控定时爆炸装置。

（二十四）对鞋的检查

采用看、摸、捏、掂等检查方法来判断鞋中是否藏有违禁物品。看，观看鞋的外表与鞋的内层；摸，用手的触感来检查鞋的内边缘等较为隐蔽之处，检查是否异常；捏，通过手的挤压来感觉进行判断；掂，掂鞋的质量与正常是否相符。必要时可通过 X 射线机进行检查。

> **延伸阅读五**
>
> 1. 开箱（包）检查的重点对象（重点物品）
>
> （1）用 X 射线机检查时，图像模糊不清无法判断物品性质的。
>
> （2）用 X 射线机检查时，发现似有电池、导线、钟表、粉末状、液体状、枪弹状物及其他可疑物品的。
>
> （3）X 射线机图像中显示有容器、仪表、瓷器等物品的。
>
> （4）照相机、收音机、录音录像机及电子计算机等电器。
>
> （5）携带者特别小心或时刻不离身的物品。
>
> （6）乘机者携带的物品与其职业、事由和季节不相适应的。
>
> （7）携带者声称是帮他人携带或来历不明的物品。
>
> （8）旅客声明不能用 X 射线机检查的物品。
>
> （9）现场表现异常的旅客或群众揭发的嫌疑分子所携带的物品。
>
> （10）公安部门通报的嫌疑分子或被列入查控人员所携带的物品。
>
> （11）旅客携带的密码箱（包）进入检查区域发生报警的。
>
> 2. 开箱（包）检查的要求及注意事项
>
> （1）开箱（包）检查时，物主必须在场，并请物主将箱（包）打开。
>
> （2）检查时要认真细心，特别要注意重点部位如箱（包）的底部、角部、外侧小兜，并注意发现有无夹层。
>
> （3）对托运行李要加强监控，防止已查验的行李箱（包）

读书笔记

与未经安全检查的行李相调换或夹塞违禁（危险）物品。

（4）对旅客的物品要轻拿轻放，如有损坏，应照价赔偿。检查完毕，应尽量按原样放好。

（5）开箱（包）检查发现危害大的违禁物品时，应采取措施控制住携带者，防止其逃离现场，并将箱（包）重新经X射线机检查，以查清是否藏有其他危险物品，必要时将其带入检查室彻底清查。

（6）若旅客申明所携带物品不宜接受公开检查时，安检部门可根据实际情况，避免在公开场合检查。

（7）对开箱（包）的行李必须再次经过X射线机检查。

三、危险品的国际通用标识

危险货物包装标签分为两大类：危险性标签和操作性标签。

（1）危险性标签（表5-2）。

表 5-2　危险性标签

序号	标签名称	标签图形	对应的危险货物类项号
1	爆炸性物质或物品	 （符号：黑色，底色：橙红色） （符号：黑色，底色：橙红色）	1.1 1.2 1.3 1.4

续表

序号	标签名称	标签图形	对应的危险货物类项号
1	爆炸性物质或物品	(符号：黑色，底色：橙红色)	1.5
		(符号：黑色，底色：橙红色) *项号的位置——如果爆炸性是次要危险性，留空白 *配装组字母的位置——如果爆炸性是次要危险性，留空白	1.6
2	易燃气体	(符号：黑色，底色：正红色)	2.1
		(符号：白色，底色：正红色)	2.1

序号	标签名称	标签图形	对应的危险货物类项号
2	非易燃无毒气体	（符号：黑色，底色：绿色） （符号：白色，底色：绿色）	2.2
	毒性气体	（符号：黑色，底色：白色）	2.3
3	易燃液体	（符号：黑色，底色：正红色） （符号：白色，底色：正红色）	3

续表

序号	标签名称	标签图形	对应的危险货物类项号
4	易燃固体	（符号：黑色，底色：白色红条）	4.1
	易于自燃的物质	（符号：黑色，底色：上白下红）	4.2
	遇水放出易燃气体的物质	（符号：黑色，底色：蓝色）	4.3
		（符号：白色，底色：蓝色）	4.3

续表

序号	标签名称	标签图形	对应的危险货物类项号
5	氧化性物质	（符号：黑色，底色：柠檬黄色）	5.1
	有机过氧化物	（符号：黑色，底色：红色和柠檬黄色）	5.2
		（符号：白色，底色：红色和柠檬黄色）	5.2
6	毒性物质	（符号：黑色，底色：白色）	6.1
	感染性物质	（符号：黑色，底色：白色）	6.2

续表

序号	标签名称	标签图形	对应的危险货物类项号
7	一级放射性物质	（符号：黑色，底色：白色，附一条红竖条） 黑色文字，在标签下半部分写上： "放射性" "内装物_____" "放射性强度_____" 在"放射性"字样之后应有一条红竖条	7A
	二级放射性物质	（符号：黑色，底色：上黄下白，附两条红竖条） 黑色文字，在标签下半部分写上： "放射性" "内装物_____" "放射性强度_____" 在一个黑边框格内写上："运输指数" 在"放射性"字样之后应有两条红竖条	7B
	三级放射性物质	（符号：黑色，底色：上黄下白，附三条红竖条） 黑色文字，在标签下半部分写上： "放射性" "内装物_____" "放射性强度_____" 在一个黑边框格内写上："运输指数" 在"放射性"字样之后应有三条红竖条	7C

序号	标签名称	标签图形	对应的危险货物类项号
7	裂变性物质	（符号：黑色，底色：白色） 黑色文字 在标签上半部分写上："易裂变" 在标签下半部分的一个黑边框格内 写上："临界安全指数"	7E
8	腐蚀性物品	（符号：上白下黑，底色：上白下黑）	8
9	杂项危险物质和物品	（符号：黑色，底色：白色）	9

（2）操作性标签。操作性标签包括"仅限货机"（Cargo Aircraft Only）、"向上"（Package Orientation）、"磁性物质"（Magnetized Material）、"远离热源"（Keep Away from Heat）、"放射性物质例外数量包装件"（Radioactive Material—Excepted Package）、"深冷液化气体"（Cryogenic Liquids）、"锂电池"（Lithium Battery Label）"非放射性物质例外数量""轮椅"等（图 5-9）。

仅限货机（新）

仅限货机（旧）
使用至 2012 年 12 月 31 日

向上

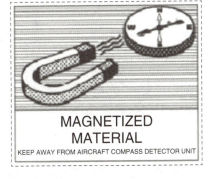
磁性材料

锂电池

远离热源

图 5-9　操作性标签

放射性物质例外数量包装件

非放射性物质例外数量包装件（新）

非放射性物质例外数量包装件（旧）

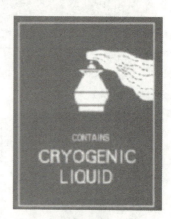
低温液体

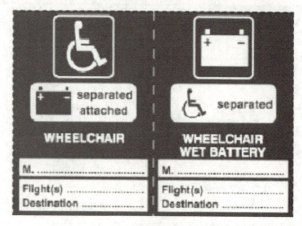
电动轮椅

图 5-9　操作性标签（续）

延伸阅读六

1. 常见易燃易爆气体的种类、性状

易燃易爆气体，一般指压缩在耐压瓶罐中的液化气体。通常经降温加压后，将其贮存于特制的高绝热或装有特殊溶剂的耐压容器中，在受热、撞击等作用下易引起爆炸。易燃易爆气体按化学性质一般分为易燃气体、不燃气体、助燃气体和剧毒气体4类。

常见的易燃易爆气体如下：

（1）氢气：无色无臭易燃气体，燃烧火焰为淡蓝色；液氢可作火箭和航天飞机的燃料。

（2）氧气：无色无臭助燃气体，液氧为淡蓝色，常见的有供急救病人用的小型医用氧气瓶（袋）、潜水用的氧气瓶等。

（3）丁烷：无色极易燃气体，常用作充气打火机的燃料。

（4）氯气：黄绿色的剧毒气体，有强烈的刺激气味，危险性极大。

2. 常见易燃液体的种类、性状

易燃液体是常温下容易燃烧的液态物品，一般具有易挥发性、易燃性和毒性。

闪点（在规定条件下，可燃性液体经加热产生足够的蒸气并与空气组成混合气体，遇火源能产生闪燃的最低温度）是衡量液体易燃性的最重要的指标，国家规定闪点低于45 ℃的液体是易燃液体。闪点越低，燃爆危险性越大。易燃液体一般经摇动后，会产生气泡，气泡消失越快，则越易燃。常见的易燃液体有汽油、煤油、柴油、苯、乙醇、油漆、稀料、松香油等，它们遇到火星容易引起燃烧或爆炸。

汽油是一种无色至淡黄色、易流动的油状液体；苯是无色有芳香气味的易燃液体；纯净乙醇（酒精）是一种无色有酒味、易挥发的易燃液体；通常所说的各种稀料是指香蕉水等，是由各种有机化合物组成，如苯、甲苯、二甲苯、丁酯等。

3. 常见易燃固体的种类、性状

根据满足着火条件的不同途径，易燃固体分为自燃固体、遇水燃烧固体和其他易燃固体。

读书笔记

常见的自燃固体：黄磷，又称白磷，是无色或白色半透明固体；硝化纤维胶片，是微黄色或无色有弹性的带状或卷状软片；油纸，是将纸经浸油处理而成的。

常见的遇水燃烧固体：金属钠、金属钾，是银白色有光泽的极活泼轻金属，通常贮存于脱水煤油中；碳化钙，俗称电石或臭煤石。其他易燃固体：硫黄、闪光粉、固体酒精、赛璐珞等。硫黄一般呈黄色结晶状；赛璐珞是一种有色或无色透明的片、板、棒状物，是用作制造乒乓球、眼镜架、玩具、钢笔杆及各类装潢等的原料。固体酒精并不是固体状态的酒精，而是将工业酒精（甲醇）中加入凝固剂使之成为固体形态，燃烧时无烟尘、无毒、无异味。

4. 常见毒害品的种类、性状

毒害品进入生物体后，会破坏正常生理功能，引起病变甚至死亡，主要包括氰化物、剧毒农药等剧毒物品。

氢氰酸是毒害品的一种，是无色液体，极易挥发，散发出带苦杏仁气味的剧毒蒸气。

5. 常见腐蚀品的种类、性状

常见的腐蚀品主要有硫酸、盐酸、硝酸、氢溴酸、氢碘酸、高氯酸、有液蓄电池、氢氧化钠、氢氧化钾等。

（1）纯硫酸是无色、无臭黏稠的酸性油状液体，具强腐蚀性。

（2）盐酸是无色至微黄色液体，是氯化氢水溶液，属酸性腐蚀品。

（3）硝酸俗称烧镪水，带有独特的窒息性气味，属酸性腐蚀品。

（4）氢溴酸是无色或浅黄色液体，微发烟，属酸性腐蚀品。

（5）氢碘酸有强腐蚀作用，其蒸气或烟雾对眼睛、皮肤、黏膜和呼吸道有强烈的刺激作用。

（6）高氯酸又名过氯酸，助燃，具强腐蚀性、强刺激性，可致人体灼伤。

（7）氢氧化钠俗称烧碱，是无色至白色固体或液体，是常见的碱性腐蚀品。

> （8）氢氧化钾是白色晶体，不燃，具强腐蚀性、强刺激性，可致人体灼伤。
>
> （9）有液蓄电池用22%～28%的稀硫酸做电解质，它的工作原理就是把化学能转化为电能。

第九节 开箱（包）检查的情况处置

一、对开箱（包）检查中危险品、违禁品的处理

（1）对查出非管制刀具的处理：非管制刀具不准随身携带，可准予托运。

国际航班如有特殊要求，经民航主管部门批准，可按其要求进行处理。

（2）对查出的走私物品、淫秽物品、毒品、赌具、伪钞、反动宣传品等的处理：对查出的走私物品、淫秽物品、毒品、赌具、伪钞、反动宣传品等，应做好登记并将人和物移交民航公安机关、海关等相关联检单位依法处理。

（3）对携带含有易燃物质的日常生活用品的处理：对医护人员携带的抢救危重病人所必需的氧气袋等凭医院的证明可予以检查放行。

二、禁止旅客随身携带但可作为行李交运的物品种类

可以用于危害航空安全的菜刀、大剪刀、大水果刀、剃刀等生活用刀；手术刀、屠宰刀、雕刻刀等专用刀具；文艺单位表演用的刀、矛、剑、戟等；斧、凿、锤、锥、加重或有尖钉的手杖、铁头登山杖和其他可用来危害航空安全的锐器、钝器。

读书笔记

读书笔记

三、移交、暂存的办理

（一）移交的定义

移交分为三个方面，即移交民航公安机关、移交其他有关部门和移交机组。

（1）移交民航公安机关：安检中发现可能被用来劫（炸）机的武器、弹药、管制刀具及假冒证件等，应当连人带物移交所属民航公安机关审查处理。移交时，应填写好移交清单，相互签字并注意字迹清晰，不要漏项。

（2）移交其他有关部门：对在安检中发现的被认为是走私的黄金、文物、毒品、淫秽物品、伪钞等，应连人带物移交相关部门审查处理。

（3）移交机组：旅客携带《禁止旅客随身携带但可作为行李托运的物品》所列物品来不及办理托运，按规定或根据航空公司的要求为旅客办理手续后移交机组带到目的地后交还。

（二）暂存的定义

对旅客携带的限制随身携带物品，安检部门可予以定期暂存。办理暂存时，要开具单据并注明期限，旅客凭单据在规定期限内领取。逾期未领的，视为无人认领物品，交由民航公安机关处理。

（三）办理移交、暂存的程序

由安检员将旅客及其物品带至受理台后，受理人员根据相关规定对旅客不能随身带上飞机的物品办理暂存、移交手续。

属于移交、暂存范围的物品包括以下几项。

1. 禁止旅客随身携带或者托运的物品

（1）勤务中查获的枪支、弹药、警（军）械具类、爆炸物品类、管制刀具、易燃易爆物品、毒害品、腐蚀性物品、放射性物品、其他危害飞行安全的物品等国家法律、法规禁止携带的物品应移交民航公安机关处理，并做违禁物品登记。

（2）对于旅客携带的限量物品超出部分，安检员可请旅客将其交给送行人带回或自行处理。如果旅客提出放弃，安检员将该物品归入旅客自弃物品回收箱（筐）。

2. 禁止旅客随身携带但可作为行李托运的物品

勤务中查获的禁止旅客随身携带但可作为行李托运的物品，如超长水果刀、大剪刀、剃刀等生活用刀；手术刀、雕刻刀等专业刀具；刀、矛、剑、戟等文艺表演用具；斧、凿、锤、锥、加重或有尖的手杖等危害航空安全的锐器、钝器。

（1）移交员应告知旅客可作为行李托运或交给送行人员。如果来不及办理托运，可为其办理暂存手续。办理暂存手续时，受理员应向旅客告知暂存期限为30 d，如果超过30 d无人认领，将视为自动放弃，交由民航公安机关处理。

1）暂存物品收据一式三联。

2）开具单据时必须按照单据规定的项目逐项填写，一联留存，一联交旅客，一联粘贴在"暂存物品袋"上。

（2）填写《暂存物品登记表》。

（3）国际航班的移交员还可根据航空公司的要求为旅客办理移交机组手续。填写"换取物品单据"，并告知旅客下飞机时凭此单据向机组取回物品。

1）换取物品收据一式三联。

2）开具单据时必须按照单据规定的项目逐项填写，一联留存，一联交给旅客，一联粘贴在"移交袋"上，如"移交袋"不能容纳，可贴于被移交物品外包装上。

（4）如果旅客提出放弃该物品，移交员将该物品放入旅客自弃物品回收箱（筐）。

3．旅客限量随身携带的生活用品

（1）勤务中查获的需限量随身携带的生活用品，移交员可请旅客将超量部分送交送行友人带回或自行处理。对于携带的酒类物品，移交员可建议旅客交送行友人带回或办理托运。

（2）如果旅客提出放弃，安检员将该物品归入旅客自弃物品回收箱（筐）。

4．勤务中查出的走私物品、淫秽物品、毒品、赌具、伪钞、反动宣传品等

勤务中查出的走私物品、淫秽物品、毒品、赌具、伪钞、反动宣传品应做好登记并将人和物移交民航公安机关、海关等相关联检单位依法处理。

5．对于旅客（工作人员）丢失的物品

（1）由捡拾人与移交员共同对捡拾物品进行清点、登记。

（2）捡拾物品在当日未被旅客取走的则上交失物招领处，并取回回执。

读书笔记

读书笔记

6. 暂存物品、旅客自弃物品的移交

每天在勤务结束后，移交员将暂存物品、旅客自弃物品及《暂存物品登记表》上交值班员兼信息统计员。

7. 暂存物品、旅客自弃物品的收存

（1）对移交员上交来的暂存物品进行清点、签收，并保留《暂存物品登记表》。

（2）值班员兼信息统计员还要负责将暂存物品按日期分类，分别放置在相应的柜层中，以备以后旅客提取暂存物品时方便查找。

（3）负责对旅客自弃物品收存。

8. 暂存物品的领取及处理

（1）旅客凭"暂存物品收据"联在 30 d 内领取暂存物品。物品保管员根据"暂存物品收据"上的日期、序列号找到旅客的暂存物品，经确认无误后返还领取人，同时，物品保管员将旅客手中的"暂存物品收据"联收回。

（2）对于超过 30 d 后无人认领的暂存物品应及时上交民航公安机关处理；对于已经返还的暂存物品，则在《暂存物品登记表》上注销，并将暂存表同无人认领物品一并上交。

（3）对于旅客自弃的物品应定期回收处理。

本章小结

本章介绍了民航安全检查的工作内容，包括证件检查、人身检查、手工检查和设备检查的具体要求和操作要点，航空危险品运输等相关知识。

思考题

1. 乘机有效身份证件的种类有哪些?
2. 手工人身检查的方法和程序是什么?
3. 引导岗位的工作程序有哪些?
4. 属于暂存、移交范围的物品有哪些?

第六章

国内旅客运送服务

了解《中国民用航空旅客、行李国内运输规则》相关规定；掌握一般旅客及特殊旅客服务工作流程；熟悉服务区域内主要基础设施、商业资源的服务功能及场所区位。

熟练使用航班信息查询系统，应答旅客问题；能填写登机业务文件，主动为旅客提供导乘服务、登机服务、中转服务等。

注重培养学生勇于奋斗、乐观向上、志存高远、脚踏实地、实事求是的精神，尊重不同民族的不同风俗习惯，具有良好的服务意识。

案例导入

  航站区现场问询岗位是机场的重要窗口岗位之一，主要负责为旅客提供候机楼内方位指引、当日客运航班查询、乘机疑难问题解答及"爱心通道"等特色服务。

  浦东机场问询组一共有 8 个问询柜台，有 60 多个小姑娘分布在浦东机场两座候机楼和联络道内，她们每天要 24 h 不间断地接待 9 000 人次左右的问询，问题五花八门。

  要做到"百问不倒"，需要背后强大的支持力。比如，机场对于轮椅服务采用的是"预约服务"，就是需要提前一天预约，届时机场才会安排专人和轮椅。但是很多旅客并不知晓这一规定，来到柜台就想当下得到轮椅，问询员们为此不知耗了多少口舌，却还是不能让旅客满意。朱慧慧她们便开始研究轮椅旅客的精细化服务方案。她们将所有可能需要轮椅的旅客分成四类，对每一类旅客都有相应的标准回应方式。比如，对来咨询的旅客，她们会详细告知预约程序；对普通情况下来柜台表示当下有轮椅需求的旅客，问询员就告知"您乘坐的航空公司会提供轮椅，您需要我们帮忙联系吗"；而对于突发性摔伤需要轮椅的旅客，问询员会把旅客安置在自己视线范围内并及时联系航空公司，还要不时去关心安慰旅客。"旅客在意的是你为他做了点什么，并不在意到底是谁提供了轮椅。"朱慧慧说。

  朱慧慧和她的团队倡导的"多说一句，少说一句"工作法，让乘客倍感贴心。"所谓多说一句，就是在旅客问询后说一句，'如果有其他的问题欢迎您再来问我们'；少说一句就是对不是机场管辖的其他部门的问题,不要说'那不归我们管',要积极帮旅客协调"。同时,朱慧慧和团队成员利用空余时间查阅了值机、行李、空管、地面交通和派出所等各方面的工作内容和流程,对旅客的每一类问题都做到"心中有数""及时反应"。

案例思考:

1. 你认为航站区现场问询岗位的工作内容有哪些?

2. 现场问询岗位工作人员应具备什么样的服务理念和服务技能技巧?

第一节 候机服务

旅客通过安全检查后进入候机区，等候登机。航空港的候机区是旅客逗留时间最长的地方，旅客对航空港的印象大多是在候机时留下的，因此要十分重视候机区的服务。

候机大厅以安检区域为界。候机大厅的公共区域一般有座椅、书报架、电视、航班动态显示系统、播音系统、公用电话、手机租赁等业务服务以及商务区域、休闲娱乐区、饮水机、洗手间等。候机厅还要特别设立贵宾休息室、母婴室，提供手机充电装置和高速信息接入端口IT服务，提供宗教仪式所需场所和有关物品等。

候机服务人员应热情招待老弱病残孕、初次乘机旅客或语言不通及其他需要特殊扶助的旅客，为不同国籍、不同民族、不同宗教信仰的旅客提供热情的服务。

一、问询服务

微课：候机服务

候机楼问询提供如航班信息、机场交通、候机楼设施使用等一揽子问询服务，能直接解决旅客在旅行过程遇到的许多麻烦，或能为旅客解决问题指明方向，因而深受旅客欢迎，已经成为航空运输企业旅客服务的不可或缺的窗口。

1. 问询柜台

（1）设置及要求。

1）隔离区内、外应统一规划，与旅客流程衔接顺畅，配套设置低位无障碍柜台及标志。

2）位置合理易见，样式外观统一，设有柜台导向和位置标志。

3）柜台开放时间应结合该区域的航班运行时间及旅客需求合理安排，并公示柜台开放时间。

（2）服务设施及内容。

1）提供包含旅客指南及须知信息的纸质或电子服务手册。

2）宜提供交通出行、广播寻人、代客寻车、特殊旅客出行协助等服务内容。

3）宜设置自助查询、智能问询等设施，提供航班信息、服务设施、便利服务、商业餐饮等服务信息。

2. 问询员的岗位职责和要求

（1）岗位职责。按照相应标准为头等舱、公务舱旅客、重要旅客以及各类礼遇客人提供高端服务；为老、幼、病、残、孕旅客，初次乘机旅客提供贴心服务；为不同国籍、不同民族、不同宗教信仰的旅客提供一视同仁的服务。始终以良好的心态，温和有礼的态度服务旅客。对旅客的咨询有回必答，积极响应旅客的建议和意见，为旅客提供满意的服务，不断提高服务水平。

（2）服务技能要求。

1）应主动为旅客提供服务，100%应答旅客问题，具备沟通技能。

2）及时掌握航班情况，熟练使用航班信息查询系统。

3）熟悉服务区域内主要基础设施、商业资源的服务功能及场所区位。

（3）柜台内问询员服务规范。严格遵照《旅客服务形象标准》的要求规范仪容仪表，进入隔离区佩戴机场通行证件。竭诚为进出港航班的所有旅客提供引导、问询及其他类项服务。在旅客服务过程中始终保持良好的心态，以温和有礼的态度面对旅客，对于旅客的咨询做到有问必答，对于旅客提出的意见给予积极回应，不断提高自身的服务水平。

1）接受问询时应站立，首问负责，态度礼貌、热情、友善，并迅速、准确、细致地回答问询内容，不能用服务禁语。

2）面对多名旅客同时问询时，应顺序回答，并微笑示意等候旅客，对于需要特殊帮助的旅客应帮助联系相应人员，提供后续服务。

3）回答旅客问询，旅客走近时，应主动致意，礼貌招呼。耐心、专注地倾听旅客的问话，简明、通俗、准确地回答。旅客要求帮助时，应立即与有关方面联系，并将办理情况回复旅客。旅客述说其不满时，无论问题发生在任何环节，均应首先向旅客表示歉意与同情，再弄清原委，根据不同的情况做出解释。重要问题应立即向有关方面报告，并给旅客以回复。

二、导乘服务

（1）设置专门人员，统一着装，按《旅客服务形象标准》整理仪表仪容，并佩戴绶带（右肩左斜）。备妥对讲机，佩戴规定的牌证，带好手持

读书笔记

扩音器。

（2）导乘服务员在导乘通道上引导旅客、回答问询，特别要关注老、幼、病、残、孕旅客、初次乘机或语言不通旅客的登机情况，主动提供特别协助。并结合服务场所运行特点，主动引导、指引并帮助旅客。

（3）能够调动相应资源为旅客提供服务。

导乘服务具体内容有：导乘期间航班动态、登机口及准确离站、到站时间准确掌握；核对要客、特殊服务旅客通知；回答旅客询问，介绍候机、登机注意事项；帮助登机口服务员寻找旅客遗忘在安检区的行李物品；观察旅客安检动态，安检不畅时，应及时与安检值班科长协调解决。

第二节 登机服务

登机口服务人员的工作主要是组织旅客登机，每次登机要根据登机系统里的数据来核对登机的人数。其主要职责是保证航班正点登机完毕，在遇到航班延误的情况下，及时向旅客公布延误信息，解答旅客的疑问并安抚旅客的情绪。登机口服务人员要有强烈的航班时刻观念，确保在对外公布的航班起飞时刻前完成旅客登机服务工作，确保航班正点。另外，服务人员工作期间还要随机应变，登机过程中如果有异常情况要及时通报管理者，并在现场及时处理。要注意关注需要帮助的旅客，安排和协助他们优先登机。

一、登机口服务

1. 登机前巡视

（1）航班起飞前 40 min 做好登机准备，巡视检查登机口环境有无异常。积极在旅客中间走动巡视，主动与旅客进行简单交流，了解旅客是否有特殊需要，及时周到地为旅客提供帮助。

（2）认真观察旅客的精神及举止状况，发现旅客行为异常及时报告并采取处置措施。

（3）耐心回答旅客的询问，当航班延误时，主动为旅客提供详细的航班信息，并协助需要更改行程的旅客。

（4）为老弱病残孕和抱小孩的旅客提供优先登机服务。

微课：登机口服务

（5）发现旅客携带行李超过标准（随身行李质量不得超过 5 kg，体积不得超过 20 cm×40 cm×55 cm）及时劝导旅客托运行李。另外，在旅客满员的情况下，也要劝导旅客托运随身携带行李，并将相关信息（行李的目的地、数量、质量）通报给当班的信息人员。杜绝因为超大行李、超多行李进入客舱导致不安全事件和航班不正常情况的发生。同时要注意，补托运行李时与旅客确认目的地，避免错运。

劝导乘客托运大件行李的话术：

1）根据《中国民用航空旅客、行李国内运输规则》相关规定解释。"对不起，根据民航规定，每位旅客随身携带行李的质量不能超过 5 kg，件数不能超过一件，体积不能超过 20 cm×40 cm×55 cm，您的行李已超过以上标准，请您办理托运手续。"

2）从航空安全因素解释。"对不起，飞机上对旅客随身携带行李的质量都有明确、严格的限定，如随身行李过多、过重，存在影响飞机重心的重大安全隐患。"

3）从旅客人身、财产安全及航空公司财产安全因素解释。"如旅客将超过标准的随身行李带入客舱，飞行过程中，如发生飞机颠簸，可能致使行李从行李架上掉落，对他人物品或航空公司财产将会造成损害。"

2. 登机前的准备工作

（1）按照服务人员标准整理仪容仪表，姓名牌、领带、丝巾等佩戴规范。

（2）登机口工作人员应不晚于登机开始前 10 min 到达登机口，并做好相关准备。核对航班号以及电子显示屏信息显示是否正确。

（3）检查登机口柜台计算机设备、登机系统、登机口广播系统是否完好、发现问题及时报修。

（4）启动登机口系统，输入航班号，查询航班办理的情况。

（5）通过登机口系统了解航班信息、航班人数、飞行时间、航班特服信息、重要旅客信息等。

（6）根据航班人数设置分段登机的顺序（人数多的航班，为了提高登机速度，让座位靠后的旅客先登机，按从后往前的顺序登机）。

（7）整理登机口隔离带，放置分段登机告示牌。

3. 登机口的检票工作

（1）接到上客指令后，在电子显示屏信息上输入登机信息。登机口航班信息（包括航班号、登机口、登机时间等）应清晰、准确。

（2）使用登机口广播系统进行中、英文航班信息广播："前往 ×××

读书笔记

的旅客，您乘坐的×××航班现在开始登机了，请带好随身物品，出示登机牌，由×××号登机口，按顺序排队登机。"如果是需要进行分段登机的航班，要将分段登机的具体安排告知旅客，请旅客配合。登机前要完整广播两遍。人工通知旅客登机连续通知两遍引导旅客排成一列。

（3）优先安排头等舱、公务舱旅客登机，安排特殊旅客、军人、消防救援人员优先登机；采用分舱位、分座位区域组织旅客顺序登机。

（4）在柜台外引导旅客按顺序排队登机，等15名以上旅客站好队形，队伍基本形成之后，返回柜台内，开始刷牌登机。

（5）扫描登机牌时，严格执行五步骤检票过程。刷验登机牌时应该注意看屏幕，屏幕上显示旅客正常方可让旅客登机，出现异常状况要即刻检查并通报相关单位。

（6）接登机牌时应注意主动向旅客问好，使用文明礼貌用语，每次将登机牌副联双手递给旅客时使用"再见，谢谢""旅途愉快"等文明用语，要双手将登机牌正面递给旅客，整个服务过程都要微笑，注意与旅客的眼神交流。

（7）登机过程中，关注老、弱、病、残、孕及抱婴儿的旅客，提示旅客安全事项，做好集中引导登机。对于特殊旅客，要做到全程陪同登机，并完成交接工作。

（8）航班起飞前15 min清点未登机旅客，通知广播，巡视登机区，用扬声器提示旅客登机，必要时巡视安检入口，或与头等舱、商务贵宾休息区服务人员沟通，积极查找未登机旅客。

（9）核对人数，并且在"航班记录本"上正确记录登机人数、时间和完毕时间。原则上起飞前的15 min完成工作，但要注意控制上客速度，控制廊桥内旅客的数量，避免造成廊桥内旅客拥堵。

（10）询问外场行李工作人员该航班的行李是否装载完成。

（11）在与空乘核对无误登机人数后，通知调度人员飞机关舱。

（12）填写工卡，在计算机系统中进行服务完成的操作，在运行系统中输入该航班相关数据。

（13）航班延误或不能正常登机时，提前了解航班延误的详细信息，耐心做好旅客的解释工作。

二、引导服务

目前，登机方式有以下两种：

第一种是近机位靠桥，也就是飞机直接停在候机楼前，由廊桥对接后连通候机厅和飞机，方便乘客进出机舱。廊桥中没有楼梯，由于飞机舱门的高度不同，所以廊桥对接后廊桥地面有一不同的坡度，轮椅可以轻松方便上下飞机。

第二种是远机位停靠。遇到由于航班过多而机场又无足够的近机位提供给航空公司或是因为其他原因无法靠桥的情况，飞机只能停在距离候机楼较远的停机坪上。因此，乘客需要从候机楼中搭乘摆渡车到远机位后下车由云梯车（也就是楼梯车）登机。摆渡车应在航班计划/预计到港时间前 5 min 到达机位或指定等待区域，后续摆渡车应在首车离开后 2 min 内到位。车内通风良好，温度适宜，空气清新、清洁、无污渍；设有固定轮椅设施及无障碍标识；按照航空器类别和旅客客座率配置；车窗、车门等位置应设置救生锤；车门位置应设置高清摄像头。

在组织登机时，双门登机桥都应有分舱标志或设立引导人员；应符合行业主管部门和承运人的有关规定，规范引导旅客登机，避免旅客滞留登机桥或摆渡车；登机口与摆渡车之间应设置防雨、雪设施。

1. 飞机靠近廊桥时

（1）引导旅客登机时，引导人员走在第一名旅客前，引导速度以大多数旅客能跟上为宜，将旅客引导到客舱门口。

（2）复查每位旅客的登机牌和登机牌上的安检章，以防止登机口漏检或非本次航班的旅客错乘。

（3）各廊桥转弯处、楼梯口和登机路线不明时应有人员负责引导。

2. 飞机停靠停机坪时

（1）由两名引导人员带领旅客乘坐摆渡车至停机坪。

（2）安排 1～2 名发车引导员。发车引导员要根据航班的人数情况合理安排摆渡车。

（3）发车引导员要准确地向摆渡车司机报告航班号和目的地。

（4）最后，引导人员乘第一辆摆渡车与旅客一同前往停机坪。

（5）摆渡车到达停机坪后，引导人员要先下车，旅客由前后客梯上飞机，在客梯口复检每位旅客的登机牌。

（6）旅客登机完毕，引导人员与值机人员核对人数，再与乘务员核对总人数。

（7）引导人员要密切注意旅客上下摆渡车、客梯的安全。

（8）引导人员与该航班值机人员核对人数无误。

（9）引导人员须在航班离港后 20 min，方可离开工作岗位。

读书笔记

三、特殊旅客引导服务

特殊旅客是指需要给予特别礼遇和照顾的旅客，或由于其身体和精神状况需要给予特殊照料，或在一定条件下才能运输的旅客。

1. 重要旅客

（1）接到 VIP 的通知，值班主任提前做好安排，让负责引导的商务做好准备。

（2）F 舱值机员安排好 VIP，与引导员交接，登机口引导员在交接单上签字。

（3）等候迎送 VIP。

（4）专人负责引导 VIP。

（5）对交接单进行留存、记录。

2. VVIP 引导服务工作

VVIP 引导服务工作要求如下：

（1）出港 VVIP 航班引导服务工作由指定负责该航班的值班主任全权负责，安排比较有经验的商务人员，分为 A、B 工作小组，B 组应不少于 2 人，其中 1 人必须是值班主任。A 组负责 VVIP 航班登机口的控制及信息传递工作；B 组负责 VVIP 引导及信息通报工作。

（2）值班主任接到有 VVIP 的航班信息后，应及时通知各工作岗位并合理安排工作人员，上报室主任和值班经理。

（3）保证航班的安全、准点，A、B 组各按工作程序进行。

3. 无成人陪伴儿童

（1）提前做好准备；将其带入候机厅内与引导人员交接，登机口引导人员应在交接单上签字。

（2）在航班记录本上简单注明无人陪伴儿童的情况。

（3）安排其在指定地点休息，为儿童保管文件袋。

（4）引导员带领儿童登机，起飞前交给乘务员，并与空乘交接签字。

（5）与空乘交接无成人陪伴儿童后，将交接单进行留存。

4. 轮椅旅客

（1）应备齐的物品单据：旅客本人的证件、旅客本人的登机牌、《特殊旅客乘机申请书》和《特殊旅客服务通知单》。

（2）在推轮椅过程中，应始终保持细心、缓速，在遇到廊桥中有坡度的路段时应将轮椅调头，以后退形式推进客舱，以免发生不安全状况。

5. 担架旅客

担架旅客是指身体患有伤残，在航班计划离站时间前至少 72 h 提出申请，符合《航空公司旅客、行李国内运输规则》及各航空公司制定的《旅客、行李国内运输总条件》的相关规定，经医生诊断健康状况适宜乘机，但在上下航空器和飞行过程中需要使用担架的旅客。

（1）检查其他必需的运输文件，并为其办妥登机牌。

（2）担架旅客座位安排应尽量靠近乘务员或者靠近客舱门口的座位。行动不便的旅客安排应尽可能靠近盥洗室和靠近紧急出口，但非紧急出口处。

（3）协助办理行李托运。

（4）协助旅客进行安全检查。

（5）航班登机时，安排病患旅客提前登机，帮助旅客携带随身物品及手提行李。

（6）与乘务长做好交接工作。

6. 其他特殊旅客（老人、孕妇、盲人、病伤旅客等）引导服务

盲、聋、哑旅客及其他患有伤病的旅客在符合航空公司《旅客、行李国内运输总条件》规定的前提下给予承运，并在服务过程中给予全程引导，如候机期间安排专人照管，作为特殊旅客安排优先登机等，并与乘务员做好交接。在以上旅客的服务过程中，工作人员应注意观察旅客的身体健康状况，发现问题及时进行反馈。

犯罪嫌疑人及押运人员在登机过程中应严格遵循先上后下的原则，以免对同机旅客造成不便，工作人员要积极与押运人员进行沟通，安排最先登机。工作人员应积极配合押运人员做好押运的保密工作，提示押运人员在上、下机过程中将嫌疑人的手铐等押运工具适当掩藏，避免引起同机旅客疑问。

第三节　进港服务

进港指进入空港也就是飞机到达航空港的意思。进港旅客有可能是第一次到达这座城市，贴心热情的旅客到达服务是机场服务质量的重要内容之一。

一、进港航班的引导服务

1. 准备工作

（1）了解当日进港航班信息，并准确记录在航班记录本上，做好接机准备工作。

（2）如果进港航班有 VIP，或者进港航班需轮椅、担架服务，应安排好车辆及特种服务设施（担架、轮椅等）。

（3）值班主任及时了解进港航班的信息，做好接机的人员安排。

2. 引导工作

（1）停靠廊桥时的引导。

1）遵守服务人员的仪容仪表规定。

2）全面了解航班动态：航班预计到达时间、登机口、预报到达人数、重要旅客及特殊旅客人数、中转联程旅客信息。

3）两名引导人员提前 5 min 到达登机廊桥，等待进港航班；并对航班信息和登机口运行系统的信息进行再次核对，反馈调度室。

4）引导人员与廊桥工作人员确认廊桥已停靠妥当，并等卫生检验人员对舱门进行消毒后，方可敲舱门通知乘务开舱门。

5）客舱门开启后，引导人员应主动向空乘人员询问该航班的旅客总人数、重要旅客及特服信息，如果有空地交接单或公邮等，与空乘人员进行平衡载重表和其他业务文件的交接，并向登机口通报飞机进港情况（桥位、机号）。

6）接到调度可以下客的通知后，向最先下机的旅客致意问好，用标准引导手势指引旅客"请跟我来"。引导速度以大多数旅客能跟上为宜，将旅客引导出廊桥，并向旅客指明通向到达厅方向。在引领的过程中，与旅客保持 1～2 m 的距离。

7）旅客下机顺序一般：重要旅客、头等舱旅客、公务舱旅客、经济舱旅客。一般旅客下机后，再安排行动不便的旅客和无成人陪伴儿童，为老、幼、病、残、孕旅客提供必要的协助。

8）巡回观察旅客下机情况，将全部旅客引导至到达大厅，方可离开。

9）等旅客全部下机完毕后，引导人员要和空乘人员确认飞机上有无旅客遗留物品，如有，及时移交行李查询处。

（2）飞机停靠停机坪时的旅客引导。如飞机不停靠廊桥且停机位离候机楼较远，应安排摆渡车辆接送旅客。重要旅客、头等舱和公务舱旅客与经济舱旅客应分开使用摆渡车；客梯车平台不能超过 6 人站立行走，客梯车上的旅客控制在 15 人以内。

1）于飞机预计到达时间前 10 min 乘坐内场车准备，进行引导服务；待客梯车停稳后，引导人员须上客梯检查两侧护栏，拉到安全位置后方可敲开舱门。国际航班需等卫生检验人员对舱门进行消毒后，方可敲舱门通知乘务开舱门。

2）一名引导人员在客梯车靠稳后，与空乘人员进行平衡表和其他业务文件的交接，并向登机口通报飞机进港情况（机位、机号），随第一辆摆渡车的旅客前往入口处。

3）与乘务组做好特殊旅客的交接，做好机舱检查，防止遗漏旅客。做好旅客下机引导工作（关注老、弱、病、残、孕妇及抱婴儿的旅客，给予必要的帮助。如遇天气不正常口头提醒旅客上、下客梯车注意安全）。

4）引导人员注意旅客乘坐摆渡车的安全，并根据航班人数通知摆渡车司机发车，随最后一辆摆渡车前往入口处；摆渡车到达入口处，引导人员必须在车门口等候最后一名旅客下车后才能离开。

3. 特殊旅客服务（以重要旅客为例）

到达站地面服务保障部门要为特殊旅客提供必要的设备和帮助，并与乘务员进行交接确认；在托运行李领取处协助特殊服务旅客认领行李后，将其送至到达出口处交给迎接旅客的接机人。

（1）接到 VIP 的预报后，值班主任提前做好安排，让负责接机的商务做好准备。如飞机停靠远机位，事先安排好车辆。

（2）飞机到达后，引导人员与空乘人员做好交接工作，并在交接单上签名。

（3）引导 VIP 到指定的区域，为其提取托运行李，并与 VIP 接待人员进行交谈。

（4）接完 VIP 后对交接单进行留存、记录。

二、行李服务

（1）行李卸机工作要迅速安全，根据《卸机工作单》列明的行李件数/质量、装载舱位和航班预计到达时间，安排好人力和设备。卸机时可根据行李数量的多少采取一次卸完运回或边卸边运的办法，使旅客能及时提到行李。全部行李必须在班机到达后的规定时间内卸完。

（2）拴挂有头等舱/公务舱/金卡会员优先行李牌的行李，应优先卸机，卸机后要优先运回交付给旅客；卸机时要注意查看包装易与货物混同

（如用纸箱、木箱包装）的行李上的行李标贴。对过站飞机，特别要认真查看行李牌上的到达站名，防止错卸、漏卸。

（3）行李提取区有明确的航班信息，方便旅客查找。另外，可以在行李提取区附近设置娱乐项目，以舒缓旅客等待时的焦急心情。

三、问询服务

设置进港综合服务柜台，可为旅客提供酒店咨询、机场大巴咨询、旅游咨询、租车咨询、航班查询、精准指引、便民服务等多功能服务项目，将真情服务和品牌形象贯彻延伸至整个进港大厅。进港综合服务柜台新增双向航显，在信息查询时，旅客可更加直观地看到信息查询结果，促使服务过程更加高效、精准，提升旅客体验。

第四节　中转和过站服务

通过航空公司之间或独自的航班以中转方式到达目的地的旅行方式叫作中转联程，也叫作无缝转接。从 A 地乘飞机到 B 地，如果没有直达航班的话，就需要中转，就会涉及几段航程，旅客就会选择联程航班或非联程航班。

如果是联程航班的话，实际上就是把分开的几段航程整体来服务，如大部分情况下，行李可以直接托运到最终目的地，可以在起飞的第一段就办好所有的登机牌。最关键的是，在选择联程航班的情况下，如果前一段航班发生延误，那么航空公司会做好协调，确保旅客后面的航班能衔接得上（如让后面的航班推迟起飞，或者安排其他航班等）。一般联程航班是由同一家航空公司或者相互有合作协议的航空公司售票。

非联程中转买票就要一段一段地买，如行李，每到达一个地方，旅客就得提取一次然后到下一段航班的公司去托运，登机牌也是一程一程地办。如果是国际旅行，还可能导致需要在中转的地方办签证。

一、中转服务

微课：中转服务

民航针对购买联程机票的旅客开展的空地一条龙服务，从售票这一环

154

节开始每个部门都会把中转旅客的姓名、人数、换乘航班情况通知后续部门，中转旅客到达换乘机场后，只要在到达大厅找到中转服务柜台，便会有专人协助其提取行李，办理后续航班登记手续通过安检。

中转特服员主要负责中转联程旅客的进出港引导工作；负责协助中转联程旅客提取行李，协助旅客办理转机手续；负责完成领导交办的其他工作。

1. 中转服务柜台

中转服务柜台应能提供中转乘机手续办理和相关咨询服务；柜台设置应符合中转流程及旅客流量需求；应配备航空公司或其联盟标志；应设置"一米线"。

应设置醒目、清晰、连贯的中转流程标志；在中转流程设置航班信息显示屏，为中转旅客提供动态航班信息。

2. 非联程中转休息区

有国际中转旅客的机场应提供非联程中转休息区，座位数量应充足，宜设置休闲、娱乐、自动售卖机等设施。

3. 中转流程

中转流程应符合行业主管部门有关规定，应有序、顺畅、便捷。联程中转服务应能在隔离区内实现；宜专人引导，特殊旅客应派专人提供中转协助服务；联程中转服务应提供一票到底、行李直挂服务；非联程中转服务宜提供跨航行李免提服务。头等/公务舱旅客等候及办理时间应不超过 5 min；经济舱旅客等候及办理时间应不超过 10 min。应定期监测并对比 IATA 发布机场联程中转服务的最短中转衔接时间（MCT）。

4. 旅客引导

（1）对需出到达厅并已办理中转手续的旅客及休息、住宿旅客，中转服务员应一并进行引导。将休息、住宿旅客引导至车辆处，将需出到达厅并已办理中转手续的旅客明确引导至到达厅行李发放口。对提出问题的中转旅客，提供解答并再次进行后续指引。

（2）中转旅客在机场候机时，可在中转服务专用休息厅休憩。休息厅提供沙发、高清投影、平板电脑、茶等特色服务。另增加随身小件行李自助存放、登机提醒等特色服务。

5. 高舱位中转旅客服务

（1）工作人员提前在廊桥门口手举高舱位中转旅客引导牌等候。

（2）接到高舱位中转旅客后，工作人员主动向高舱位中转旅客说明所提供的服务内容，并引导高舱位中转旅客办理好后续航班的转乘手续。

(3) 在手续办完后，耐心提示高舱位中转旅客后续航班的具体登机时间、登机口号并与高舱位中转旅客约定好时间、地点，待高舱位中转旅客返回后再引导其登机。

二、过站服务

旅客过站是指旅客由出发地点到目的地点乘机旅行时在航班约定经停地点的停留。

1. 过站旅客下飞机时航班服务要求

（1）旅客下机时，应有专人引导旅客下机；提供必要的信息和引导服务，告知旅客航班登机时间和登机口。对特殊旅客应提供相应的服务。

（2）一般情况下，过站旅客应在到达旅客下机之后再上飞机。

（3）为过站旅客发放过站登机牌，并安排旅客在过站候机区候机。需调整过站旅客座位时，发放填明座位号的过站登机牌或发放新的登机牌。

（4）过站期间，旅客应携带免费随身携带物品和自理行李下机。

（5）旅客过站到达时，如发放的过站旅客登机牌数多于 LDM 报文或载重表上旅客人数，应核对离港系统中的过站旅客人数和航班舱单中的过站旅客人数，与前站核准过站旅客人数。

（6）过站病患旅客不下飞机的情况。

1）飞机到达后，地面服务人员与机上乘务长联系，根据乘务长的指示、航班停场时间及旅客身体情况，确定安排旅客下机或不下机。

2）病患旅客如需下机，需安排专人协助下机，并帮病患旅客提拿随身物品，提供安静的环境候机。

3）询问病患旅客是否需要帮助，按照其要求提供针对性服务。

4）如发现病患旅客病情异常应立即处理。

2. 过站旅客上飞机时航班服务要求

（1）应按规定发放、回收过站登机牌，复核旅客人数；应安排经停旅客优先登机，始发旅客后登机。

（2）再登机时应逐一核对过站旅客名单或客票。

（3）需调整过站旅客座位时，向旅客解释原因及在原登机牌上修改新的。如过站登机的旅客人数与发放过站登机牌的旅客人数一致，可修改随机业务文件，放行飞机。

（4）如发现有过站旅客乘机联漏撕，应协助撕下并通知前站。

（5）协助多出的过站旅客成行。

（6）对于故意行为的无票乘机旅客，必要时交公安保卫部门处理。

（7）地面工作人员应在到达旅客下机之后上飞机清点过站旅客人数，过站人数与LDM报文及载重表上的旅客人数应一致，如不一致时，应查明原因，必要时应向前站确认；多过站旅客，应核对，然后通报航班的前站。

（8）少过站旅客。少过站旅客指航班在经停站登机时过站旅客人数少于LDM报文或载重表上人数。少过站旅客时，按下列程序处理：

1）迅速在过站旅客候机活动区域内寻找旅客。

2）如实际登机旅客人数与发放过站登机牌的旅客人数一致，可征求机组意见，修改随机业务文件，放行飞机。

3）如实际登机旅客人数与发放过站牌的旅客人数不一致，应找出并卸下无旅客认领的过站行李并修改随机业务文件，放行飞机。

4）减过站旅客的时间不应早于航班规定的离站时间。

5）旅客在航班的经停点自愿终止旅行，该航班未使用航段的票款和逾重行李费不退。

6）少过站旅客，应通报航班的前站。

3. 过站航班登机广播

前往的旅客请注意：您乘坐的次航班现在开始登机，请过站的旅客出示过站登机牌，由××号登机口先上飞机。祝您旅途愉快，谢谢！

Ladies and gentlemen, may I have you attention please: Flight to is boarding now. Transit passengers please have your transit boarding passes ready for gate. We wish you a pleasant journey. Thank you!

本章小结

本章介绍了国内出港航班和进港航班的进港、出港、中转、经停的概念和服务程序，介绍了为正常旅客和特殊旅客提供必要的信息和引导服务的相关知识。

思考题

1. 登机口服务程序有哪些?
2. 出港航班飞机停靠停机坪时如何引导?
3. 进港航班担架旅客如何引导?
4. 如何为高端中转旅客服务?

第七章

非正常运输情况处理

熟练掌握非正常运输的基本概念及分类；了解不同类型的非正常运输处理的内容及方法。

能运用相关工作及服务技巧进行不同类型的非正常运输处置。

注重培养学生的大局意识、讲奉献、重执行，热爱民航事业，弘扬和践行"忠诚担当的政治品格，严谨科学的专业精神，团结协作的工作作风，敬业奉献的职业操守"的当代民航精神，具有较强的安全意识。

某日晚 10 点 50 分，来渝出差的尹先生与 3 名同事在重庆江北机场坐上返回兰州的飞机。飞机在跑道上滑行准备起飞时，乘务长突然广播："女士们、先生们，因飞机出现故障，机长决定中断起飞，飞机需要重新滑回停机坪。"

因等待时间过长，机场工作人员通知旅客下飞机并为其安排住宿，但少数旅客坚持留在飞机上。尹先生和大多数旅客下飞机回到候机厅，等待后续安排。直到凌晨时，才有工作人员告知："周围酒店全住满了，但可以提供 100 元的住宿补助。"旅客们虽有不满，但大部分旅客接受了此项处理结果，大家只好在候机厅和衣睡在椅子上。

熬了一夜后，工作人员送来了早餐。随后，航空公司派出代表协商。尹先生说："他们提出赔偿 500 元钱，加上住宿补贴就是 600 元了，大家对赔偿还是比较满意的。"次日中午 1 点，在延误了近 13 个小时后，搭载着 110 多位滞留旅客的航班终于起飞，但仍有 32 名旅客滞留。到次日晚 6 点，26 名旅客同意赔偿 600 元，搭乘 G 航班机前往兰州，最后仍有 6 名旅客拒绝更换飞机。

案例思考：

航班延误在旅客运输中非常常见，原因也有很多，请同学们思考一下：

1. 航班延误的原因究竟有哪些？
2. 哪些情况下航空公司会给旅客赔偿？

第一节　非正常运输的定义和分类

视频：非正常运输的分类

航班运输中非正常运输的问题已经成为社会关注的焦点，但航班延误、取消等问题不可避免，在这种情况下，就使得航空公司做好非正常运输的服务工作显得尤为重要。在非正常运输情况下提供优质服务，是各航空公司迎接挑战的必然要求，同时是航空公司在新时期、新世纪摆脱不利局面，重塑自我的重要战略选择。

视频：非正常运输定义、航班延误

一、非正常运输的定义

非正常运输是指由于航路、不可抗力的天气、机场及飞机机械故障、空中交通管制等原因造成的不能按照原计划执行，或不能按时到达的航班。非正常运输包括航班机型变更、延误、航班取消、返航、备降等。

二、非正常运输的分类

1. 航班延误

航班降落时间（航班实际到港时间）比计划降落时间（航班时刻表上的时间）延迟 15 min 以上或航班取消的情况称为延误。

航班延误影响航空公司的运行效率和服务质量，一般使用准点率来衡量承运人运输效率和运输质量。准点率，又称正点率、航班正常率，是指航空旅客运输部门在执行运输计划时，航班实际出发时间与计划出发时间较为一致的航班数量与全部航班数量的比率。造成航班延误的原因一般分为承运人责任和非承运人责任两种。由于机械故障、航班调配、机组等原因造成的延误为承运人责任；由于天气、空中交通管制、突发事件及旅客等原因造成的航班延误为非承运人责任。

常见航班延误原因如下。

（1）天气原因。天气是造成航班延误的主要原因。简单的4个字"天气原因"实际包含了很多种情况：出发地机场天气状况不宜起飞；目的地机场天气状况不宜降落；飞行航路上气象状况不宜飞越等。影响飞机安全飞行、起飞、降落的天气因素有很多：

1）出发地机场天气状况（能见度、低空云、雷雨区、强侧风）。

2）目的地机场天气状况（能见度、低空云、雷雨区、强侧风）。

3）飞行航路上的气象情况（高空雷雨区）。

4）机组状况（机组技术等级、分析把握当前气象及趋势做出专业决策的能力）。

5）飞机状况（该机型符合气象条件的安全标准，但某些机载设备失效导致飞机不宜在该天气状况飞行）。

6）因恶劣天气导致的后续状况（多指机场导航设施受损、跑道结冰、严重积水等）。

飞机起降标准与飞机机型有关，但同样的机型在各航空公司制定的具体安全标准也可能有差异，机长对当前气象及趋势做出的决策也会有所不同。《民航法》规定，"机长发现民用航空器、机场、气象条件等不符合规定，不能保证飞行安全的，有权拒绝飞行。"还有一种情况就是，快到目的地机场才告知因天气原因无法降落而备降其他机场或返航，而有些飞机又能正常落地。虽然民航气象部门依靠先进的设备会不断发布比较准确气象变化趋势预报以利于航班运作和调度，但天气情况是不断变化的，也难以很准确地判断，这就会出现到快落地时天气情况突然恶化导致飞机无法降落，出于安全考虑或油量不足以继续盘旋等待天气好转，飞机就不得不备降其他机场。

天气不断在变化，可能是短时间的恶劣天气，这就会出现 5 min 前和 5 min 后的天气都允许飞机降落，这也是常见的现象。同时，如前所述，当天气处于标准边缘时，能否降落由机长决定。机长认为天气不宜降落备降其他机场或返航是应该绝对支持的。

"海阔凭鱼跃，天高任鸟飞"，而现实中，民航飞机在空中就如同汽车在地面一样是要受诸多因素的限制和影响的，总之，民航飞机是在有限的空间、有限的时间和有限的条件下起飞、降落和飞行的。部分繁忙机场空中交通处于超负荷运转，飞机离港往往在地面滑行甚至等待较长时间，这也是正常现象。

（2）航空管制。

1）流量控制。随着中国民航发展迅速，航班量急剧增加，而相应的地面设施、导航设备、服务保障方面发展缓慢，航路结构不合理，无法适应当前高速发展的民航业，尤其是目前我国因确保国防安全等原因，对空域实行严格限制，空中禁区多，军方负责组织实施全国飞行管制工作，民航方面可调节的余地很小，虽然近来情况有所改善，部分航路也实现雷达管制，有效缓解了空中塞车现象，但整体上进步不大。这里说的是正常的流量控制，而导致流量控制的原因还有很多，如空中或机场出现一些意外情况等。

2）空军活动。以厦门为例，这种情况造成的航班延误占的比例较大，尤其在东南沿海军演时。一般而言，空军活动会选择天气良好的白天进行，一般情况主要管制厦门飞经汕头方向的出港航班，也就是厦门飞往东南亚的国际航班，飞往港澳的地区航班及飞往广州、深圳、海口、昆明等区域的航班均受影响，严重时，这些方向来的航班也会受影响，或就近备降，或返航。管制时间少则 0.5 h，多则 3 h、4 h。解除管制后，空域往往又大量塞机，继续出现延误。

（3）机械故障。飞机的安全系数是在不断提高的，飞机越来越先进，在飞机的所有重要特性方面都具有层层余度和多重备份系统。飞机都有详细的定期维护计划，每隔一段时间都要对相应的系统、设备进行彻底检查、更换部件，即使该系统、设备工作一切正常。根据长期以来形成的维修经验，绝大部分的故障隐患都会在这些例行检查中得到及时处理，但再完善仔细的例行维护也无法保证飞机设备不会突然出现故障，这往往不是正常的例行检查就可以避免的。机务维修人员、机组人员和先进的机载计算机也会随时监视着飞机的任何情况，凡对飞行安全构成威胁的问题都将在继续飞行之前得到解决。为了确保安全，彻底排除故障隐患势必造成一定程度的延误，这也是值得的，毕竟安全才是最重要的。

飞机一旦在执行航班任务期间出现故障，机务人员按照维护程序要进行必要的检查，加以判断，对故障现象进行分析，找到故障源头，然后进行相应的排除故障工作，如换掉故障件等，排除完故障后，还需填写相关维修记录，还可能要进行一定的测试工作，以确定是否修复好。整个排除故障的过程是需要一定时间的，即使是一些小故障，也要有严格的一套维修检测程序要做，这些都是为了确保飞行安全。

一般来说，如果飞机故障地为该航空公司基地，处理故障时间较快，即使是大故障一时难以修复，由于在基地，也比较容易调配，延误时间会较短。如果飞机故障地为外站，当地可能缺少必要的检修设备、零件和维修人员，这种情况造成延误所需时间确实很难判断，这与故障具体情况、当地机务维修能力有关，如果是大故障一时难以排除，即使另派飞机来也需要较长时间。

（4）旅客原因。造成航班延误的原因多种多样，有的属于不可抗拒的自然因素。值得重视的是，一些人为因素已成为造成航班延误的"新的增长点"。据统计，因旅客原因导致的航班延误占不正常航班的 3%，与因飞机故障造成的延误数量相差无几。减少航班延误，很大程度上取决于旅客。提前到达机场办理手续；注意所乘航班的登机时间，听到登机广播后，尽快上飞机；如需改变行程，提前与工作人员联系。

2. 航班取消

因预计航班延误而停止飞行计划或者因延误而导致停止飞行计划的情况为航班取消。我国民航分为春夏和秋冬两个季节，大概是每年3月和10月下旬有两次换季，换季后整个季节的航班计划就确定了，而有的计划会因为各种各样的原因而取消。如果提前24 h告知旅客原定的航班被取消，该航班的飞行计划一般不会恢复，行业内称为取消不补，即航班的飞行计划不会另行安排，航空公司将会为该航班的旅客办理免费的客票签改退手续。但需要旅客尽快联系航空公司服务中心，在有可利用座位的前提下，要尽量满足旅客的变更需求。

由于机务维护、航班调配、商务、机组等原因造成航班延误或取消，航空公司将向旅客提供航班动态信息、安排食宿等服务。

由于天气、突发事件、空中交通管制、安检及旅客等非承运人原因，造成航班延误或取消，机场方面可向旅客提供航班动态信息、协助旅客安排食宿，费用由旅客自理。

常见航班取消原因如下：

（1）天气因素。始发机场、目的机场会因为天气长时间不适合飞行，如大雾天气、台风天气、暴雨、大雪等各种因素。

（2）航空公司飞机周转因素。如飞机有重大故障造成短时间没办法修好导致飞机周转不过来，从而导致航班取消。

（3）旅客因素。往返乘客比较少，为降低经营成本可能会取消航班。

（4）设备条件的限制因素。比如，有些机场缺少先进设备从而会导致一些航班取消。

（5）社会环境因素。可能还会因为国家命令、战争、动乱、自然灾害等情况造成航班取消。

3. 机型变更

机型变更是指原航班公布的执行飞行的计划飞机型号发生了变化。造成的原因有前序航班延误、飞机维修、机组调整、航班上座率及目的地接收飞机等级能力等。由于所有航班计划都是需要预先申请且得到航空管制部门的批准，包括飞机机型类别、起飞降落时间和机场等，以便相关部门进行监控管理，保证飞行安全，所以，机型变更是航班不正常的一种。

通常情况下，机型的变更不会引起航班延误，除了经常飞行或是对机型有特殊要求的旅客，一般不会引人关注。但有的机型变更情况，确实会在旅客层面造成影响。例如，更换的机型由大变小，可能会产生航班的座位数量变少，或是原来有头等舱、公务舱和经济舱3种舱位变为没有头等舱或者公务舱的情况，以及在座椅舒适度、空间、硬件设施设备配备等方面存在较大差异。这种由大换小的机型变更，各个航空公司都会尽量避免。

常见机型变更原因如下：

（1）航班上座率。最主要的原因是这个航班的乘客较少，换小飞机可以节约成本。

（2）机械故障。可能是原先执行计划的飞机出现故障或是其他特殊情况，不能正常执飞，临时更换，以保证旅客的出行。

（3）机场接收能力。目的地机场因为气象或是其他原因暂时不能接受中型和大型飞机的起降，所以，航班公司为了保证旅客出行，临时更换为小飞机。

（4）前序航班延误。前序航班因延误等问题不能及时到达，将会影响后续航班时刻，有的也会临时更换机型。

（5）其他原因。也可能是航空公司的机组有变动、购票的时候显示的飞机型号有误等。

4. 航班备降

飞机（航空器）在飞行过程中不能或不宜飞往飞行计划中的目的地机场或目的地机场不适合着陆，而降落在其他机场的行为称为备降。

各种机场一般在起飞前都已预先选定好备降机场。在每一个航班起飞之前，当班机长签署的飞行计划中都必须至少明确一个条件合适的机场作为目的地备降机场。备降机场要考虑是否符合飞机的飞行标准。例如：跑道是否满足该型飞机的起降要求，是否具有为该机型加油的设备，机场是否具备该机型的放行条件，航空公司在该机场是否有地服或代办、机场消防等级和机场净空情况等条件（因急救等原因备降还要考虑医疗条件）。

常见航班备降原因：航路交通管制、天气状况不佳、预定着陆机场不接收、预定着陆机场天气状况差低于降落标准、飞机发生故障等。中国民用航空局发布的关于确保飞行安全的有力措施"八该一反对"中明确提出的"该备降的备降"，就是指由于各种原因造成目的地机场不具备着陆条件的情况下应该到备降机场落地，不能盲目、强行落地而影响飞行安全。备降是飞机在运行过程中为确保飞行安全采取的正常措施。

备降和迫降的区别：备降指飞机降落在飞行计划中的目的地机场以外

的机场，而迫降是飞机因迷航、燃料用尽或其机械系统等发生严重故障后，不能继续飞行而被迫降落或者强迫擅自越境或严重违反飞行纪律的飞机在指定的机场降落。

5. 航班补班

航班取消后，如果次日零时后再次执行，运行系统里的航班号会变成数字加字母的形式，易于识别，第二天再次执行的航班就叫作补班。当日零时以前的航班继续飞行不称为补班，而统计为延误。

6. 航班中断飞行

航班中断飞行是指航班已经从出发地起飞，在飞行过程中由于某种因素致使飞机无法到达预定的目的地而返航或在中途其他机场降落，导致航班取消的情况。造成航班中断飞行的责任，也分为承运人责任和非承运人责任。但与航班取消或延误有所不同的是，航班中断飞行后，无论是否是承运人责任，航空公司都需要对航班旅客做免费的后续安置。

延伸阅读一

民航局希望旅客理性对待航班延误

针对少数旅客因对航班延误不满而采取的霸机等行为，民航局新闻发言人 26 日表示，希望旅客理性对待航班延误。这位发言人说，航班正常需要大家共同努力。出现航班延误，民航局会首先要求航空公司及相关单位从内部找原因，通过改进工作，提高航班正常率，但也希望旅客能够予以理解和积极配合。

这位发言人认为，近期一些机场出现因航班延误而导致的少数旅客提出各种要求，甚至不管什么原因造成的延误，都要求航空公司补偿。还有少数旅客罢乘、霸机、强占登机口、辱骂机组人员，这些过激行为不仅无助于问题的解决，还会造成新的航班延误，给更多旅客利益带来更大的损害，还违反了有关法律法规，特别是这些过激行为还会带来安全上的隐患，扰乱了公共秩序。民航局希望，广大旅客理性对待航班延误，维权的同时不要违法。有问题可以与航空公司商量研究解决，绝不能采取霸机等过激行为。

这位发言人指出，航空运输是一个十分复杂而且庞大的系

第七章 非正常运输情况处理

统，保证航班正点需要航空公司、机场、空管等多个民航单位的高效协调运作。同时，各种外界因素对保证航班正点的影响也非常大。以北京、上海、广州机场为例，三大机场的旅客吞吐量占全国总量的近40%，其中一个机场遭受雷雨天气影响，都会造成全国大面积航班延误。

因此，航班延误是一个世界性的难题。即使航班正常率达到了一个很高的水平，也还会有相当一部分航班因各种原因导致延误。而且一个航班延误，会波及后续的几个航班，恢复正常往往需要一个过程。民航局出台一系列保障航班正点的措施，目的在于提高航班正点率。出台航班延误予以经济补偿的指导意见，目的在于减少航空公司因自身原因造成的航班延误，但这些措施绝不可能杜绝航班延误。对此，民航局希望广大乘客能予以理解。

针对航班延误问题，民航局制定了一系列措施，督促航空公司提高航班正点率。这些措施包括：出台了国内航空公司因自身原因造成航班延误给予旅客经济补偿的指导意见，要求航空公司建立航班正常月度报告制度、航班长时间延误即报制度，将航空公司的航班正点率与航线经营权、时刻使用权挂钩，并且按月在媒体上公布各航空公司航班正点率等。

民航局提供的数据显示，全行业航班正点率达到了82.2%，已达到发达国家航班正点率的水平。

第二节 非正常运输情况的航空公司处理标准

根据《民航法》和新颁布的56号令，国内航空公司（不含低成本航空公司）都先后制定和公示了本公司在发生非正常运输情况时的服务及保障标准。相关的内容均可在航空公司的官网查询。非正常运输情况保障标准主要分为信息服务、客票服务和膳宿服务三大项。

一、非正常运输情况的信息服务

各航空公司在信息服务标准的规定中，首先，要求非正常航班信息源

读书笔记

167

头的运行控制部门及时、准确地发布航班信息，以方便旅客变更出行计划和为现场服务提供信息支持。其次，一旦确定航班延误或取消的信息，应立即通过本公司的信息平台向内部的各运行保障单位和外部的机场管理结构、空管部门、地面服务代理、航空销售代理人发布。最后，机场地面服务人员及地面服务代理、机组和乘务组应主动告知旅客航班最新动态信息，并且至少每 30 min 更新一次，信息告知使用文字和广播两种方式。提供给旅客的信息应真实、可靠、一致。

1. 航班登机前后的信息发布要求

（1）登机前由机场地面服务人员通知旅客航班不正常及最新进展情况。当班航班的机组及乘务组要及时了解航班不正常原因，必要时可向地面服务人员、指挥中心、站长、地面代理等单位或人员获取信息支持，确保机组和乘务组提供给旅客信息的一致性和准确性，如更换机组，所获取内容也应通知给下一个机组和乘务组员。

（2）登机完毕舱门关闭后，航班不正常信息及进展情况应由机组或乘务组向旅客通报，航班推出后滑回、预计延误超过 3 h 的长时间等待情况应立即通知运行控制部门，以便安排后续运行保障工作。

（3）航班起飞后，一旦确定改变原飞行计划，航班中断飞行、备降、加降或降停在非预定的经停站时，机组应将不正常信息及时通报运行控制部门，并向旅客告知原因，特殊情况（涉及军演等）下的不正常航班信息应由运行控制部门确定后再告知旅客。

2. 航班不正常信息发布形式和内容

信息公布的形式一般采用公共信息平台、航空公司官方网站、官方微博、官方微信、App、航空公司呼叫中心、短信、电话、邮件、广播等。需要广播时，应至少用中、英文两种语言，对于少数民族地区或非英语国家始发航班，可根据旅客构成适当增加当地语言广播。发布内容一般包括航班号、变更航段信息及延误原因、后续服务项目等。

3. 特殊旅客的信息服务

如航班不正常，地面服务部门需要与该航班上的特殊旅客建立联系，了解旅客需求；优先向残疾人、老年人、孕妇、无成人陪伴儿童等需要特别照料的旅客提供服务，必要时安排专人接送，保证服务的准确性和及时性。

视频：非正常运输情况下的航空公司处理标准

二、非正常运输情况的客票服务

航班发生延误或取消等不正常情况后，票务方面的工作主要有签转、改期和退票三项服务工作。

1. 客票的签转

（1）航班不正常造成旅客要求变更航班时，所有航空公司都会规定优先选择自己后续的航班，并尽量保证原舱位等级不做调整，在没有可供选择的本公司航班时，才会协助签转至其他航空公司或选择替代的运输方式。

（2）对于持有本公司高等级（金卡以上）常客卡的旅客，在当日无本公司航班可选择时，会按旅客要求签转到其他航空公司航班尽快成行。

（3）如因旅客自身原因造成旅客本人误机而要求变更航班签转的，各航空公司会收取相应费用。

2. 客票的改期

客票改期时，各承运人会同时办理相应的行李改运。特殊情况下，如征得旅客同意未办理行李改运，会将行李件数、行李牌号和运送航班通知相关航站。

（1）旅客改期或签转，须及时取消原乘坐航班订座及值机记录。

（2）各航空公司都规定航班无收益旅客（市场营销的赠送票等）、持公司员工免票的，不予签转。各航空公司对于自己航班运输的中转旅客衔接错失的，均会免费为旅客办理签转或改期手续。

3. 退票服务

因旅客本人原因或因航班起飞时间变更少于 15 min 而要求退票的，按自愿退票办理，大面积航班延误时按民航局要求执行。对于持纸质客票的旅客申请退票，应退还旅客乘机联。

4. 办理渠道

对于改期和签转业务，各航空公司均允许旅客自己选择售票处、电话销售服务中心、值机柜台、官方网站等方式进行办理。退票只能在原出票地或航空公司直属售票部门办理。

5. 客票改期时优先保障的乘机顺序

销售人员在为不正常航班旅客进行后续座位预留，或地面服务人员办理后续航班改期/签转手续时，航空公司一般要求遵循如下先后顺序，优先保障：

（1）执行国家紧急公务的旅客。

（2）经承运人同意并事先做出安排的有特殊服务需求的老、弱、病、残、孕旅客及无成人陪伴儿童。

（3）已经订妥后续联程航班座位且可通过前序航班的改乘保证顺利衔

读书笔记

接后续航班的旅客。

（4）高舱位（头等舱和公务舱）旅客。

（5）持高等级常客卡的旅客。

（6）与本公司同属一个联盟的持高等级常客卡的旅客。

（7）现役军人及警察。

（8）其他旅客。

三、非正常运输情况的膳宿服务

1. 对于机上延误的旅客

航班关舱门后至撤轮挡期间，旅客等待预计超过 1 h（含），在飞机和旅客安全、机场设施及航空交通管制等条件允许的情况下，机组或乘务组可考虑为旅客提供机上餐饮服务。

（1）当机位延误时间达到 1 h，乘务组需为旅客提供饮料。经济舱旅客应至少提供一种饮料；两舱按旅客需求提供。

（2）如需二次开舱门增配饮料，乘务长应征求机长意见，经同意后，机长通知枢纽控制中心（HCC）、生产指挥中心、地面代理或航站人员。如在增配到达前，机长收到飞机推出指令，应按通知的时间推出，不可因等待增配物品而导致航班进一步延误。

（3）配备餐食的航班：当机位延误时间达到 1.5 h，乘务长询问飞行机组，如确定延误时间将超过 2 h 或无确切延误时间，乘务组须做好为旅客供餐的准备，供餐前需通知飞行机组。供餐期间，如航班可以起飞，飞行机组应立即通知乘务组。乘务组应立即结束餐饮服务，做好各项起飞准备工作。

（4）未配备餐食（含小吃）的航班：当机位延误时间达到 1 h，乘务长应征求机长意见，要求增配小食品，经同意后，机长通知枢纽控制中心（HCC）、生产指挥中心、地面代理或航站。如在增配到达前，机长收到推出指令，应按通知的时间推出，不可因等待增配物品而导致航班进一步延误。

2. 对于延误后在候机楼候机区等待的旅客

对于头等舱和公务舱旅客，持本公司高等级常客卡和联盟内部高等级卡的旅客，免费提供餐饮服务。对于其他旅客，由于承运人原因造成的航班不正常，要免费向旅客提供餐饮；由于非承运人原因造成的航班不正常，可协助安排餐饮，费用由旅客自理。无论何种原因造成持联程客票的中转旅客在中转站错失衔接后续航班，或者航班发生备降，都要免费向旅客提供餐饮。

3. 由于承运人原因造成航班不正常时，宾馆服务提供的原则及补偿标准

（1）航班不正常造成旅客等待超过 4 h（不累计），应免费将旅客送至宾馆休息或住宿，原则上实际宾馆休息时间应不少于 2 h。

（2）如旅客自行解决住宿或宾馆资源保障不足无法提供住宿服务时，航空公司会按相应住宿标准对旅客进行费用补偿。

（3）各航空公司对于旅客的住宿安排一般是国际及地区航班的旅客，享受相当于三星级（含）以上宾馆服务。国内航班的旅客，享受相当于二星级（含）以上宾馆服务；国际航班国内段或含国际联程中转的国内旅客，按国际旅客标准执行；头等舱和公务舱旅客与常客、高等级旅客享受相当于四星级（含）以上宾馆或单间的住宿服务。

以上列举的在航班不正常时提供的信息、票务和餐宿等方面的服务标准，各航空公司大致相同，在细节方面会有一定差异，所以，实际遇到具体的情况时需要相应地到实际的承运人官网上查询准确的各项服务标准。

> **延伸阅读二**
>
> 1. 《民航法》中航班延误的相关条款
>
> 《民航法》是 1995 年 10 月 30 日经中华人民共和国第八届全国人民代表大会常务委员会第十六次会议通过，并由时任中华人民共和国主席江泽民签署命令，于 1996 年 3 月 1 日起正式施行，根据 2018 年 12 月 29 日第十三届全国人民代表大会常务委员会第七次会议《关于修改〈中华人民共和国劳动法〉第七部法律的决定》第五次修正。其中涉及航班不正常的相关条款主要集中在第八章第九十五条和第九章第一百二十六条。具体内容如下：
>
> 第九十五条 公共航空运输企业应当以保证飞行安全和航班正常，提供良好的服务为准则，采取有效措施，提高运输服务质量。
>
> 公共航空运输企业应当教育和要求本企业职工严格履行职责，以文明礼貌、热情周到的服务态度，认真做好旅客和货物运输的各项服务工作。

读书笔记

旅客运输航班延误的，应当在机场内及时通告有关情况。

第一百二十六条 旅客、行李或者货物在航空运输中因延误造成的损失，承运人应承担责任；但是，承运人证明本人或者其受雇人、代理人为了避免损失的发生，已经采取一切必要措施或者不可能采取此种措施的，不承担责任。

2. 航班发生不正常后的投诉处置要求

承运人、机场管理机构、地面服务代理人、航空销售代理人应当设立专门机构或者指定专人负责受理投诉工作，并以适当方式向社会公布中国境内的投诉受理电话、电子邮件地址，并报民航行政机关备案。

（1）投诉受理机构、投诉受理人员及联系方式等事项发生变化的，应当自决定变化之日起 5 d 内以书面形式告知民航行政机关。

（2）港澳台地区承运人和外国承运人应当具备受理中文投诉的能力。

（3）承运人、机场管理机构、地面服务代理人、航空销售代理人、民航行政机关应在收到旅客投诉 7 d 内予以处理并告知旅客受理情况。

（4）国内承运人、机场管理机构、地面服务代理人、航空销售代理人、民航行政机关应当在收到旅客投诉 10 d 内做出实质性回复。港澳台地区承运人和外国承运人应当在收到旅客投诉 20 d 内做出实质性回复。

（5）承运人、机场管理机构、地面服务代理人、销售代理人应当书面记录旅客的投诉情况及处理结果，投诉记录至少保留 2 年。

第七章　非正常运输情况处理

 本章小结

　　本章介绍了非正常运输情况的基础知识，并针对非正常运输情况的发生提出了解决思路和建议。通过本章的学习，学生应能熟练掌握非正常运输情况的基本概念和分类及常用的处置措施。

思考题

1. 简述非正常运输情况的定义和分类。
2. 非正常运输情况的处理标准都有哪些？

参考文献

[1] 黄建伟,郑魏. 民航地勤服务[M]. 5版. 北京:旅游教育出版社,2019.

[2] 翟静,魏丽娜,杨长进. 民航旅客地面服务实务[M]. 上海:上海交通大学出版社,2015.

[3] 李永. 民航乘务员基础教程[M]. 北京:中国民航出版社,2011.

[4] 杨桂芹. 民航客舱服务与管理[M]. 北京:中国民航出版社,2011.

[5] 邱宁. 民航商务运营管理[M]. 北京:中国民航出版社,2018.

[6] 民航局职业技能鉴定指导中心. 民航行业特有工种职业技能鉴定培训教材:安全检查员.